REFLEXIONS

Sur la Théorie, & la Pratique

DE L'ÉDUCATION

CONTRE

LES PRINCIPES

DE

M.r ROUSSEAU

Par le P. G. B.

TURIN MDCCLXIII.

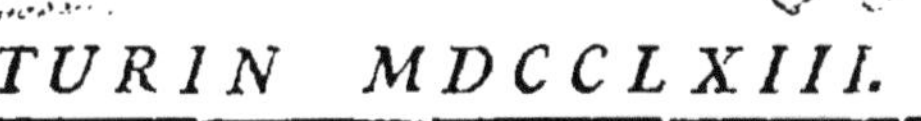

Chez les Freres Reycends, & Guibert,
Libraires au coin de la Ruë Neuve.
Avec permission.

AVANT-PROPOS.

MOnsieur Rousseau propose dans Emile un nouveau plan d'éducation intimement lié à son nouveau plan de legislation. Le but *du Contract social* est un renversement universel de l'ordre civil : le but d'*Emile* est d'y preparer les esprits par une revulsion totale dans la façon de penser. Il y a bien apparence que les idées legislatives de Mr. Rousseau ne seront jamais que des idées. Ses paradoxes politiques plus singuliers que tous les reves du bon Abbé de S. Pierre sont plus faits pour étonner le monde, que pour l'entrainer. Mais si on a tout lieu d'être tranquille de ce côté-là, il paroit qu'on a quelque sujet de s'allarmer des suites d'une façon de penser, qui sans conduire les esprits au but ou Mr Rousseau voudroit les amener, peut cependant les éloigner insensiblement du terme, où ils doivent tendre pour le bien de l'humanité. Nôtre Philosophe ne viendra pas à bout de renverser de fond en comble l'état présent de la societé ; mais il inspirera facilement le chagrin, & l'aversion dont il est animé, & que tous ses écrits respirent contre les meilleures institutions religieuses, & sociales. Il ne fera pas des sauvages, mais il fera de mauvais Chrêtiens, & de mauvais Citoyens.

C' est surtout dans le premier volume d' Emile, qu' il s'attache à développer les principes, qui servent de base, & comme de lien commun à son Systeme de politique, & à sa Theorie de l' éducation. Il y represente les institutions sociales sous l' aspect le plus odieux; il établit pour maximes, que la condition de l' homme vivant dans l' état de nature est de se suffire à soi-même, & d' être heureux: que nous étions nés pour être hommes, mais que les loix, & la societé nous ont replongé dans l' enfance: que la dependance des hommes, qui en est une suite, répugne à la nature, & qu' elle est l' origine de tous les vices: qu' il n' est pas possible d' élever un homme pour lui-même, & pour les autres: qu' un pere même n' a pas droit de commander à ses enfans ce qui ne leur est bon à rien. De ces maximes qui servent de base au systeme du Contract social, il deduit dans ce

mê-

même volume les régles pratiques pour la conduite du premier âge, qui decide de tout le cours de l'éducation.

C'est à l'examen de ces principes, & de ces régles qu'on s'est attaché dans cet écrit. En combattant les paradoxes de Mr. Rousseau, on a taché d'établir la Theorie, & la Pratique de l'éducation sur des principes plus solides, plus conformes à l'esprit du genre humain, à la paix des familles, à la tranquillité des Etats, à l'avantage commun de l'humanité. On n'a point entrepris de refuter tout ce qu'il y a de réprehensible dans les quatre volumes d'Emile. La Critique de ce livre n'est pas même le principal objet qu'on s'est proposé; elle n'a fait que donner lieu à développer, & rédiger certaines notions, qui pourront n'être pas entierement inutiles à ceux qui sont chargés de veiller à l'education de la jeunesse. L'Auteur de cet Ecrit n'avoit eû d'abord d'autre objet en vuë que de se satisfaire lui-même sur une question, qu'on lui avoit proposée, s'il n'y avoit rien dans le premier volume d'Emile, qui fut contraire à la Religion, & à la saine morale. En raprochant ses Reflexions il a vû qu'elles étoient susceptibles d'un certain ordre, & qu'elles tendoient à se lier mutuellement. C'est ce qui a donné lieu à la composition de cet ouvrage, auquel on a taché de donner l'étenduë, & l'unité convenable au sujet qu'on y traite, & au titre, qui l'annonce. S'il tombe jamais entre les mains de Monsieur Rousseau, on ose le prier de le lire ; il y verra ses sentimens combattus sans fiel, & sans aigreur, & peut être qu'en revenant sur ses propres pensées, il aura lieu de s'appercevoir, que n'étant pas toujours d'accord avec lui même, il faut qu'il n'ait pas toujours pensé juste.

Je n'ai qu'un mot à dire à ceux qui voudroient entreprendre de justifier Mr. Rousseau. Ce n'est pas assez de montrer qu'il a dit des choses contraires à celles qu'on lui impute ; ce ne seroit là que demontrer des contradictions ; or sans compter l'inconsequence naturelle à quelques esprits, on a quelque fois des raisons pour se contredire. Il faut donc prouver qu'il n'a pas dit ce qu'on lui impute, ou que ce qu'on lui impute est bien dit.

Ous m' avez fait l' honneur de me demander, Monſieur, ſi je n'avois rien trouvé dans le premier Volume d'*Emile*, qui fut contraire aux principes de la Réligion, & de la ſaine morale. Je n' ai parcouru ce livre que fort légérement; je vais le relire avec plus d' attention, & j' aurai ſoin de marquer les endroits, où l' Auteur ſe livre tellement à ſon ſens particulier, qu' il ne s' agit de rien moins que d' opter entre lui, & le genre humain. Car c' eſt ſur tout dans Emile, que Monſieur Rouſſeau développe ce tour d' eſprit, je ne dirai pas ſeulement ſingulier, mais original dans sa singularité, qui lui a acquis tant de célébrité, & que Monsieur Dalembert lui reproche avec autant de verité, que d'agrément. *Le caractere de vôtre Philosophie est d'être ferme, & inexorable dans sa marche. Vos principes posés, les conséquences sont ce qu'elles peuvent; tant pis pour nous si elles sont fâcheuses; mais à quelque point qu'elles le soient, elles ne vous le paroissent jamais assez pour vous forcer à revenir sur les principes. Bien loin de craindre les objections qu'on peut faire contre vos paradoxes, vous prevenez ces objections en y répondant par des paradoxes nouveaux.*

Ce n'est pas que je veüille entreprendre une réfutation en regle de ce fameux livre; il faut de l'éloquence pour combattre avec succés la réputation de l'éloquence. Monsieur Rousseau connoît le goût de son siécle, il sçait ce que vaut la force, l'énergie de l'expression. Menace-t-il l'Europe d'une prochaine destruction? L'Oracle est prêt à s'accomplir. *L'Europe est sur le point d'être habitée par des bêtes féroces, elle n'aura guere changé d'habitans*. Mr. Rousseau n'ignore pas que tant d'honnêtes gens, avec qui il a vécu, ne sont ni des ours, ni des loups: mais une pensée neuve, hardie, saillante fait tout autre effet que la froide monotonie de la raison. Ce n'est guere aujourd'hui ni la régularite du plan, ni la correction, ou pour mieux dire la verité du dessein, ni la justesse des proportions, qui decide, à l'égard de bien des gens de la bonté d'un ouvrage, c'est sur tout le brillant du coloris. Un lecteur frappé d'un de ces traits fiers, & pathétiques, qui étonnent l'imagination, qui pénetrent l'ame, & qui l'enlévent, souffrira-t-il patiemment, qu'on vienne lui prouver, que

ce

ce qui l'enchante n'est qu'une illusion, & qu'il a tort d'applaudir à ce qui le flatte si agréablement? Je me contenterai-donc d'exposer tout simplement les reflexions, que la lecture du livre fera naître dans mon esprit, sans aspirer à d'autre mérite, qu'à celui de la justesse, & du bons sens, qualité qui n'a rien de brillant, mais qui n'est jamais sans utilité.

Reflexion générale sur le plan de l'Auteur.

Je commence d'abord par cette reflexion générale; Mr. Rousseau convient que son plan d'éducation renferme bien des articles, qu'il n'est gueres possible de reduire en pratique dans le Monde tel qu'il est. C'est une objection qu'il se fait, & il répond, que ce n'est pas sa faute, si les hommes ont tout gâté par leurs mauvaises institutions. A la bonne heure; que les hommes aient tout gâté, que Mr. Rousseau vienne tout rétablir, ce n'est pas de quoi il est question. Mais en attendant que l'Univers soit reformé, de quel usage peut être un plan d'éducation, qui sera bon, si l'on veut, pour le Monde tel qu'il doit être, mais qui est impraticable à bien des égards pour le Monde tel qu'il est? Ne faudroit-il pour opérer cette étrange réformation, que les Emiles pûssent naître tous formés du cerveau de Mr. Rousseau, comme Minerve nacquit autre-fois du cerveau de Jupiter?

L'Auteur convient (p. 2.) que dans l'état, où les choses sont maintenant, un homme abandonné dès son enfance à la simple nature, & qui n'auroit pas été façonné à la maniere des autres, se trouveroit étrangement déplacé dans le Monde. Or dans l'impossibilité avoüée d'arranger le plan de l'Auteur avec l'état actuel des choses, n'a-t-on pas lieu de craindre un pareil inconvenient? Ne risqueroit-on pas de ne rien faire, à le vouloir tout embrasser, ou à mal faire, en ne l'embrassant qu'à demi?

Il semble que le plan de Mr. Rousseau consiste à n'envisager, que la condition humaine dans son éléve il veut former *un homme abstrait* (p. 18.) sans aucun rapport aux institutions sociales, de quelque genre qu'elles puissent être. Emile ne doit être élevé ni pour l'épée, ni pour l'Eglise, ni pour le barreau, mais uniquement pour la vie humaine. Mr Rousseau suppose que cet homme abstrait ne sera que plus propre pour tous les différens états, aux quels il pourroit être appelé; c'est à peu-près comme si l'on vouloit former un Artiste en général sans aucun rapport direct ni à la peinture, ni à la sculpture, ni à l'architecture. Je ne sçais si cet Artiste abstrait sera bien propre à dévenir un Raphaël, un Michel Ange, un Palladio. Je crois qu'on en peut dire autant *de l'homme abstrait* de Mr. Rousseau, dont on aura certainement quelque peine à former un bon soldat, un bon Prêtre, un bon Magistrat. Mr. Rousseau ne disconvient pas qu'il ne soit très-utile à certains égards d'élever un enfant pour la place qu'il doit occuper dans la societé; mais qui sçait s'il poura la tenir cette place, *vû l'esprit inquiet, & remuant de ce siècle, qui bouleverse tout à chaque génération*? Il faut-donc qu'il soit prêt à tout événement, il faut qu'Emile apprenne à n'être qu'homme, au cas que par la dissolution de la societé il fût reduit à ne pouvoir plus être Citoyen. Ne diroit on pas que nous sommes à la veille de l'irruption des Tartares, dont Mr. Rousseau

nous

nous ménace dans son *contract social*? Il est assez vrai, que le Monde ne va pas aussi bien qu'il pourroit aller; mais il y a apparence, que l'Europe subsistera encore longtems dans l'état, où elle est, & pour prévenir de plus grands inconveniens rien ne seroit plus avantageux que de bien élever les enfans pour les différentes places de la societé: car un seul homme bien placé peut faire un infinité de biens, & prévenir une infinité de maux.

„ Quelqu'un dont je ne connois que le „ rang, dit l'Auteur (p. 47) m'a fait pro- „ poser d'élever son fils. Il m'a fait beau- „ coup d'honneur, sans doute, mais loin de „ se plaindre de mon refus, il doit se loüer „ de ma discretion. Si j'avois accepté son „ offre, & que j'eusse erré dans ma me- „ thode, c'étoit une éducation manquée, „ si j'avois réüssi, c'eût été bien pis. Son „ fils auroit renié son titre, il n'eût plus „ voulu être Prince.

Si l'Auteur a voulu s'égayer par la satire, on conviendra, s'il veut, que ce morceau pourroit figurer parmi celles de Juvenal: mais à parler sérieusement, s'il eût été appellé pour élever les Tites, & les Marc Aureles auroit-il-eu lieu de s'applaudir de ses succés en réüssissant à priver le genre humain du fruit de leurs exemples, de leurs vertus, & de leurs bien-faits? Il est tems de venir aux principes de l'Auteur, voici son début: „ Nous naissons foibles, nous avons besoin „ de forces: nous naissons depourvûs de tout, „ nous avons besoin d'assistance: nous nais- „ sons stupides, nous avons besoin de juge- „ ment, tout ce que nous n'avons pas à nô- „ tre naissance, & dont nous avons besoin „ étant grand, nous est donné par l'éducation.

Principe de M. R. sur la nécessité de l'éducation.

Conſequence de ce principe, l' homme iſolé n' eſt pas l' homme de la nature.

Convenons de ce principe; la conſéquence qui en reſulte, c' eſt que les hommes ſont faits les uns pour les autres. Les voyes par leſquelles la nature tend à la conſervation de ſon ouvrage, ſont ſans doute dans le plan, dans la deſtination de la nature; les enfans periroient ſans le ſecours des adultes, donc ces ſecours ſont dans le plan de la nature: donc les adultes ſont deſtinés à ſecourir les enfans, beſoin de ſecours d' un côté, faculté de ſecourir de l' autre, voilà un rapport établi par la nature pour lier les hommes entr' eux, & les amener à la ſocieté. J' accorde-donc le principe; mais je crois être en droit d' en tirer ces conſéquences. Donc les hommes ont des rapports naturels, qui les lient. Donc l' homme iſolé n' eſt pas l'homme de la nature.

Triple éducation ſelon l'Auteur.

„ Cette éducation, continuë l'Auteur, nous „ vient de la nature, ou des hommes, ou „ des choſes, le développement interne de „ nos facultés & de nos organes, eſt l'éducation de la nature, l'uſage qu'on nous „ apprend à faire de ce développement eſt „ l' éducation des hommes; & l' acquis de „ nôtre propre expérience ſur les objets qui „ nous affectent eſt l'éducation des choſes. „ Chacun de nous eſt donc formé par trois „ ſortes de maîtres. Le diſciple, dans lequel „ leurs diverſes leçons ſe contrarient, eſt „ mal élevé, & ne ſera jamais d'accord avec „ lui même; celui dans lequel elles tombent „ toutes ſur les mêmes points, & tendent „ aux mêmes fins, va ſeul à ſon but, & „ vit conſéquemment. Celui-là ſeul eſt bien „ élevé.

But au quel elles doivent ſe rapporter.

Or ce but, au quel les trois éducations doivent concourir, n' eſt autre, ſelon l' Auteur,

teur, que celui de la nature. Car, dit-il, le concours des trois éducations étant nécessaire à leur perfection, c' est sur celle, à laquelle nous ne pouvons rien, qu' il faut diriger les autres.

Il s' agit maintenant d' expliquer ce que c' est que nature. L' Auteur refute fort-bien le sentiment insoûtenable de ceux qui disent que la nature n' est que l' habitude, & il propose son sentiment en ces termes.

Ce que c' est que nature selon M. R.

„ Nous naissons sensibles, & dès nôtre „ naissance nous sommes affectés de diverses „ manieres par les objets, qui nous environ- „ nent. Sitôt que nous avons pour ainsi di- „ re la conscience de nos sensations, nous „ sommes disposés à rechercher, ou à fuir „ les objets, qui les produisent d'abord selon „ qu' elles nous sont agréables, ou déplaisan- „ tes, puis selon la convenance, ou discon- „ venance, que nous trouvons entre nous, „ & ces objets, & enfin selon les jugemens, „ que nous en portons sur l' idée de bonheur, „ ou de perfection, que la raison nous don- „ ne. Ces dispositions s' étendent, & s' af- „ fermissent à mesure que nous dévenons plus „ sensibles, & plus éclairés; mais contrain- „ tes par nos habitudes, elles s' altérent plus „ ou moins par nos opinions, avant cette „ altération, elles sont ce que j' appelle en „ nous la nature.

Voilà-donc selon l' Auteur trois penchans, ou trois principes naturels de nos déterminations. Les sensations agréables, ou déplaisantes, la convenance, & la disconvenance des objets, enfin les idées, que la raison nous donne de la perfection, & du bonheur. C'est à-peu-près ce que les anciens désignoient déja par les noms de délectable, d' utile, & d'honnête.

nête. Or ces trois penchans, ou dispositions préalablement à toute altération c'est ce qu' il appelle la nature de l' homme.

Conséquence de ce principe, qu' il y a une vicieuse inégalité dans la nature de l'homme.

Il faut donc qu'il réconnoisse dans la nature de l' homme, indépendamment de toute altération d' opinion, & de préjugé, cette contrarieté, qui a frappé d' étonnement les Philosophes les plus sages du Paganisme, c'est une verité d' experience, que les sensations agréables nous portent souvent à rechercher des objets, qui réellement ne nous sont pas convenables, & dont la poursuite est contraire aux idées, que la raison nous donne de la perfection, & du bonheur, c' est ce qui a fait dire à Platon, que la volupté est la source de bien de maux, & que c' est une amorce, à laquelle les hommes se laissent prendre comme le poisson à l'hameçon; cette sentence de Platon étoit un résultat de l'experience de tous les siécles, qui l' avoient précedé, & l' experience des siécles, qui l'ont suivi, n' a servi qu'à la confirmer.

Il faut de plus remarquer que selon l'Auteur ces dispositions s' étendent, & s' affermissent à mesure que nous devenons plus sensibles, & plus éclairés. Or le simple développement des organes, dont il a parlé plus haut, suffit pour rendre les hommes plus sensibles, mais non pour les rendre plus éclairés. Dans la force du premier âge l'homme se trouve au plus haut dégré de la sensibilité: peut-on dire qu' à cet âge la raison ait acquis assez de lumiere, & de force pour reprimer cet excés de sensibilité, & la diriger convenablement aux idées, que la raison nous donne de la perfection, & du bonheur? D' où il suit que la nature abandonnée à elle même doit dévenir vicieuse par l' inégalité

de

de l'accroissement, que prennent les dispositions, où les penchans, qui sont les mobiles de nos déterminations. Le penchant qui naît des sensations agréables est bientôt porté au plus haut point de sa force, & ce penchant est capable de précipiter l'homme dans les plus grands abîmes. Le penchant au contraire qui naît, ou de la convenance réelle des objets, ou des idées, que la raison nous donne de la perfection, ne se développe que lentement, quoique ce soit la disposition la plus nécessaire pour la conduite de l'homme.

En un mot beaucoup de sensibilité, peu de jugement, voilà l'état naturel du premier âge. Cette vicieuse inégalité, source de presque tous les déreglemens de la vie, fournit ainsi l'indication des remédes, que l'éducation doit y apporter, retrancher d'un côté, suppléer de l'autre, c'est à quoi doivent tendre les soins d'un sage instituteur. Ciceron regardoit l'art de la Philosophie comme la Medecine de l'ame : en ce sens on peut dire, que l'éducation n'est autre que l'application convenable de cet art aux besoins de l'enfance.

Il y a donc une contrarieté réelle entre les penchans de l'homme. Cette contrarieté doit faire un des principaux objets de l'éducation. Cette contrarieté se déduit des dispositions primitives, qui constituent la nature de l'homme selon Mr. Rousseau.

Ainsi quand cet Auteur viendra nous dire (p. 189.) qu'il *faut poser pour maxime indubitable, que les premiers mouvemens de la nature sont toujours droits, & qu'il n'y a point de perversité originelle dans le cœur humain*; nous lui répondrons, que cette maxime est contraire à la révélation, contraire à l'expérienrience, & qu' elle s' accorde peu avec le principe qu' il vient d' établir, car les penchans, qui naissent des sensations agréables, ou désagréables, se développant avec toute la force, que ces sensations sont capables de leur imprimer, & ne pouvant être ni retenus, ni modérés par la raison trop foible dans le premier âge, il se formera des habitudes, que la raison plus éclairée ne pourra que désapprouver, & qu'elle aura bien de la peine à surmonter.

Quant aux conséquences, que l' Auteur tire de cette maxime pour diriger la pratique de l' éducation, je me réserve d' en parler dans la suite, & je me contenterai de remarquer, qu' il est peu d' hommes de bien, qui ne s' applaudissent d' avoir été contredits, & corrigés dans leur enfance.

Fausse pensée de M. R., qu'on ne peut former à la fois l' homme, & le Citoyen.

„ C' est à ces dispositions primitives, continue l' Auteur (p. 9.) qu' il faudroit tout „ rapporter; & cela se pourroit si nos trois „ éducations n' étoient que différentes: mais „ que faire quand elles sont opposées? *Quand „ au lieu d' élever un homme pour lui même on „ veut l' élever pour les autres*? Alors le con„ cert est impossible, forcé de combattre la „ nature, & les institutions sociales *il faut „ opter entre faire un homme, ou un Citoyen*, „ car on ne peut faire à la fois l' un, & l' „ autre ...... l' homme naturel est tout pour „ lui. Il est l' unité numérique, l' entier ab„ solu qui n' a de rapport qu' à lui même, „ ou à son semblable. L' homme civil n' est „ qu' une unité fractionnaire, qui tient au „ dénominateur, & dont la valeur est dans „ son rapport avec l' entier, qui est le corps „ social.

Cette

Cette maxime ne suit point des principes dont M.R. la déduit.

Cette conclusion me paroît très-extraordinaire, & je ne conçois pas comment elle vient des principes, que l'Auteur a établis. Les dispositions primitives dont il parle sont fondées. 1. Sur les sensations agréables, ou déplaisantes. 2. Sur la convenance, ou la disconvenance des objets. 3. Sur les idées de bonheur, & de perfection, que la raison nous donne; qu'y a-t-il en tout cela qui empêche, qu'on ne puisse élever un enfant pour lui même, & pour les autres?

La nature forme les hommes les uns pour les autres.

2. L'homme isolé n'est pas l'homme de la nature. C'est ce qui a été prouvé cy dessus par les principes de l'Auteur, qui font voir que l'homme ne peut satisfaire ses besoins, se procurer les objets convenables, perfectionner son jugement, sans le concours des lumiéres, & des forces des autres hommes: la nature n'a point donné d'instinct particulier à l'homme; mais elle lui a donné la raison comme le principe des arts, qui doivent suppléer à l'instinct. C'est par la raison, que l'homme assujettit les autres animaux, & fait servir toute la terre à ses besoins. Mais c'est ce que la raison ne peut éxécuter sans le concours de la societé, l'état civil ne fait qu'ajoûter un ordre nécessaire à la societé naturelle. Si l'homme est fait pour la societé, il s'ensuit qu'on ne peut bien élever un homme pour lui-même, qu'on ne l'éléve pour les autres. En effet l'éducation doit séconder le développement naturel des facultés de l'homme; or ces facultés ayant des rapports naturels aux autres hommes, elles ne peuvent se développer convenablement que dans la societé. Priver l'homme de la societé, & vouloir qu'il éxerce ses facultés naturelles, c'est priver l'œil de la lumie-

miere, & vouloir qu' il éxerce ses fonctions.

La liaison des natures intelligentes forme le monde moral, comme la liaison des natures corporelles forme le Monde physique.

3. Tout est lié dans l' Univers. Il suit de là que la nature de chaque chose dépend non seulement de sa constitution intérieure, mais encore des rapports d' action, & de réaction, qui la lient aux objets qui l' environnent. Interceptez la communication, qui lie les parties de l'Univers entre elles, vous les dénaturez aussi-tôt. Le feu s' éteint dans le vuide de la machine, les plantes cessent d' y végeter, les animaux y perdent le mouvement, la respiration, & la vie, c'est que le Monde n' est pas l' assemblage d' une infinité de natures formées sans rapport, & assemblées par hazard: tout est partie d' un tout, & tient au tout, c' est l' ouvrage de la Providence. Or comme dans le Monde physique les natures corporelles perdent leur activité, en perdant les rapports, qui les lient les unes aux autres; ainsi les natures intelligentes faites pour tenir une place dans le Monde moral, qui n' est autre que l' ordre de la société, ne peuvent rompre les liens, qui les y attachent sans se dénaturer, & se priver de l'exercice de leurs plus nobles fonctions, qui sont celles qui résultent de leurs rapports, ou de leurs devoirs à l' égard des autres intelligences. Donc en élevant un homme pour lui même, on doit l' élever pour les autres.
„ Mais on ne peut faire à la fois l' un, &
„ l' autre.

Je dirois plûtôt, on ne peut bien faire l'un sans l' autre. Il n' en est pas des œuvres de la nature comme de certains ouvrages de l' art. Le Sculpteur ne peut faire à la fois les jambes, & les bras d' une statuë. Mais l'opération de la nature dans l' accroissement, qu' elle donne à ses productions, s' étend à

tout

tout. L' éducation eſt un art, ſi l'on veut; mais c' eſt un de ces arts, qui ne ſont que diriger, & ne forment rien. Le Jardinier chargé d'élever une jeune plante, a ſoin de la transplanter dans l' endroit le plus convenable, de l' arroſer, d'écarter tout ce qui pourroit lui être nuiſible, de la garentir des ardeurs de la canicule, & des frimats de l' hyver. Si elle ſe courbe, il la redreſſe avec violence, & ne craint pas d'employer le fer pour retrancher des branches inutiles, qui ne ſerviroient qu' à détourner une ſéve précieuſe deſtinée à la nourrir, & à la faire fructifier. Le Jardinier ne forme rien; il ne fait qu' écarter ce qui troubleroit la nature dans ſes opérations: c' eſt la nature, qui fait croître la jeune plante, & ſon action s' étend tout à la fois à toutes les parties, qui la compoſent.

Cette comparaiſon ſi triviale, & ſi juſte s' adapte d' elle même au ſoin, que doit prendre l' inſtituteur du développement des facultés de l' homme dès ſon enfance. On ne peut élever un homme pour lui même, qu' on ne s' applique à former ſa raiſon: car c' eſt par la raiſon, que l' homme eſt homme. Or la raiſon eſt une faculté ſociale de la nature: faire un homme raiſonnable, c'eſt le faire ſociable. Donc on ne peut bien former la raiſon, que par des éxercices rélatifs à l'état de ſocieté. Donc on ne peut bien élever un homme pour lui même, qu' on ne l' éléve pour les autres, un homme ſevré de toute ſocieté, qui cultiveroit ſon eſprit par des études profondes, pourroit dévenir un prodige de ſçavoir; mais je ne ſçais ſi ce ſeroit un homme fort raiſonnable, on a vû des ſçavans pleins d'eſprit dans leurs livres, imbecilles dans le commerce de la vie.

Abbrutiſſement des hommes, élevés uniquement pour eux mêmes.

4. On ne ſçauroit guêres élever des hommes plus pour eux mêmes, moins pour les autres, que le ſont les Indiens de la Province de Quito, ſuivant la deſcription, qu'en ont faite Mrs. D. George Juan, & D. Antoine de Ulloa dans leur excellente rélation; ce ſont là des hommes naturels, ils ne vivent que pour eux, ils ne ſont ſenſibles qu' aux beſoins phyſiques. Les dignités ont ſi peu d'attrait pour eux, qu'un Indien recevra avec la même indifférence l'emploi d'Alcalde, & celui de Bourreau; l'interêt n'a pas plus de pouvoir ſur eux, ſouvent il refuſent de rendre le plus petit ſervice pour une grande récompenſe. L'Indien, aſſis près de ſon petit foyer, voit tranquillement travailler ſa femme. Le voyageur égaré n'obtiendra jamais de lui qu'il veüille quitter cette poſture, pour le venir guider juſqu'à une petite diſtance. La ſeule choſe qu'ils ne refuſent jamais, c'eſt de ſe divertir, mais il faut que la boiſſon ſoit de la partie; quand ils ſont enyvrés, ils ſe couchent pêle-mêle hommes, & femmes, ſans ſe ſoucier ſi l'un eſt auprès de la femme de l'autre, de ſa propre ſœur, ou de ſa propre fille, de maniere qu'ils oublient tout devoir en ces occaſions.

Ne diroit-on pas que ce ſont preſque les hommes naturels du traité *de l'inégalité des conditions*? Cependant ces hommes, que l'éducation civile n'a pas gâtés, ces hommes formés uniquement par la nature, par le développement de leurs facultés, n'y gagnent rien au rapport de nos ſçavans Eſpagnols, à les conſiderer ſimplement comme hommes.

Si

Si on les envisage, disent ils, *comme des hommes, les bornes de leur esprit semblent incompatibles avec l'excellence de l'ame, & leur imbecillité est si visible, qu'à peine en certains cas on peut se faire d'eux une autre idée, que celle qu'on a des bêtes*.

Si cet abbrutissement provient du climat.

On attribuera peut-être cette dépravation au vice du climat. Je ne doute pas qu'il n'y entre pour quelque chose. Car il est également déraisonnable de tout attribuer au climat, & de ne rien attribuer au climat. Ce n'est que dans ces derniers tems que l'on à donné dans ces deux excés opposés, & c'est tout ce que cette dispute a eu de nouveau. Car l'on a sçû dans tous les tems à quoi s'en tenir sur ce sujet. Mais quelque soit le pouvoir du climat sur les dispositions des Indiens du Perou, ce sera toujours une preuve de ce que peut l'éducation civile pour en corriger l'influence. Car nos Auteurs ont observé, que les enfans des Indiens de cette même Province de Quito, lors qu'ils sont élevés dans les Villes, déviennent aussi raisonnables que les autres hommes, & paroissent de toute autre nature, que ceux de leur nation. D'un autre côté ils ont remarqué, que dans les différentes, & vastes Provinces qu'ils ont parcourues, les Indiens destitués de culture n'étoient pas différens entre eux: que ceux de Quito n'étoient pas plus sots, que ceux des Vallées, ou de Lima, ni ceux cy plus intelligens, que ceux du Chily, ou d'Arauco. Cependant quelle différence de climat entre ces differens Peuples! Nous voïons-donc que le défaut d'éducation civile rend égaux des Peuples entiers dans des climats très-differens, & que sous un même climat l'éducation a le pouvoir de tirer ceux qui la reçoivent de l'abrutiſſement général des Peuples, qui en ſont deſtitués.

Ils obſervent encore que les enfans, aux quels on fait apprendre l'Eſpagnol, profitent beaucoup; non, diſent ils, que cette Langue ait par elle même la vertu de leur donner de l'eſprit; mais parcequ'elle les met à portée de communiquer avec les Européens, & de profiter de leurs lumiéres. *Ne voyons nous pas parmi nous mêmes un enfant, ſans autre ſecours que ſa langue maternelle, acquérir tous les jours de nouvelles lumieres à meſure qu'il entend parler des perſonnes éclairées? Mais ne voyons nous pas en même tems l'avantage qu'a ſur celui-là celui qui s'applique à l'étude des autres Langues? Combien de lumiéres, & de connoiſſances n'a-t-il pas au deſſus de l'autre, par cela même, qu'il eſt plus cultivé.*

Les Anciens formoient à la fois l'homme, & le Citoyen.

5. Les Anciens ne connoiſſoient point la diſtinction, que fait l'Auteur entre élever un homme pour lui même, & l'élever pour les autres; ils n'ont jamais ſçû que l'homme naturel fût *l'unité numerique*: le Citoyen *l'unité fractionnaire*. Cependant il ne reüſſiſſoient pas mal à élever des hommes, & des Citoyens, ou trouver, j'entends parmi les Payens, un homme plus digne de ce nom que Socrate? Une vûë ſaine qui répréſente à l'ame les objets tels qu'ils ſont, qualité plus rare qu'on ne penſe; une égalité d'ame imperturbable, une bienfaiſance générale à l'égard de tous les hommes formoient ſon caractere. Quand je dis une bienfaiſance générale, je ne parle pas de cet amour abſtrait de l'humanité, dont tant de gens s'applaudiſſent. Il ne coûte rien d'aimer l'humanité en général; je parle de l'amour des hommes, tels qu'ils ſont, & avec les défauts

qui les accompagnent. Telles étoient les qualités de l'homme dans Socrate, & ces qualités en firent un parfait Citoyen. Aristide fait rejetter, comme injuste, un projet de Thémistocle très-utile à sa Patrie: Voilà un exemple de la probité rélative à tout le genre humain; voilà l'homme qui merite le surnom de juste. Aristide s'oublie pour voler au secours de Thémistocle, dès qu'il s'agit du salut de la Patrie. Voilà le Citoyen. Fabricius rejette avec horreur la proposition du Medecin de Pirrhus, qui lui offroit d'empoisonner ce redoutable ennemi des Romains. Fabricius étoit-donc honnête homme. il refuse les présens de ce Prince: Fabricius étoit Romain. Les Anciens croïoient que pour former un homme il falloit le rendre vertueux, & que l'homme vertueux ne peut qu'être bon Citoyen. Ils étoient-donc bien éloignés d'imaginer qu'on ne peut faire tout à la fois l'homme, & le Citoyen.

L'idée de M.R. est contraire à l'institution Chrétienne.

6. Enfin cette pensée de l'Auteur paroît contraire aux principes de l'institution Chrétienne, qui veut qu'on éléve les enfans dans la pratique des dévoirs qu'ils doivent éxercer à l'égard des autres hommes dans la societé.

Si la societé dénature l'homme.

„ Les bonnes institutions sociales, ajoute-t-il, „ sont celles, qui sçavent le mieux dénatu- „ rer l'homme.

Cette pensée a lieu dans le sistéme du livre de l'esprit, où l'on ne croit pas à la vertu, idée de ce sistéme

Cette maxime paroît être une consequence naturelle d'un sistéme de Philosophie, qui n'est pas du goût de nôtre Auteur. Si la sensibilité physique faisoit tout le fond de nôtre ame, si elle étoit le principe de toutes nos déterminations, si l'avarice, la vanité, l'ambition même n'avoient d'autre force, que celle que leur prête l'amour des plaisirs charnels; si l'intrepidité des Héros n'avoit

 d'aud'autre motif que le désir de plaire aux femmes; si l'interêt personnel étoit l'unique lien, qui attachât les hommes à la societé, si la justice n'étoit que la disposition à faire des actions utiles à cette societé, à laquelle on n'est lié, que par la considération de son propre avantage; si indépendemment de cette considération toutes les actions étoient indifférentes de leur nature, pretes à devenir vertueuses, ou vicieuses selon l'exigence de cette societé, toute fondée sur l'interêt; si par conséquent c'étoit une chose indifférente de sa nature d'assassiner un ami, ou d'écraser une punaise, en un mot *s'il n'y avoit point de probité rélative à tout le genre humain*; alors il est sûr qu'il faudroit dénaturer un homme pour en faire un Citoyen. Le Citoyen est obligé de donner sa vie pour sa Patrie. Or le moyen d'accorder cette obligation avec un systeme, qui rapporte tout, en dernier ressort, au plaisir des sens? Comment le désir de sa propre conservation, comment l'amour du plaisir engagera-t-il un homme à se sacrifier pour une societé, dont la conservation ne peut lui être d'aucun avantage après sa mort?

Cette pensée ne devroit pas avoir lieu dans le sistéme de M. R. qui louë Alexandre de ce qu'il croioit à la vertu.

Mais Mr. Rousseau croit à la vertu. La vertu n'est pas pour lui un mot vuide de sens, une idée Platonicienne; c'est une perfection réelle de l'ame, dont la possession est essentielle au bonheur de l'homme; les dispositions primitives, qu'il établit comme autant de principes naturels de nos déterminations, ne sont pas seulement fondées sur les sensations agréables, ou déplaisantes, mais aussi sur les idées, que la raison nous donne de la perfection, & du bonheur; s'il s'étoit borné aux sensations agréables, &

dé-

déplaisantes, j'avouë qu'il faudroit dénaturer l'homme pour en faire un Citoyen, mais ce qu'il ajoûte des idées de la perfection, & du bonheur ne laisse aucun lieu à cette conséquence : pour faire un Citoyen il ne faut que de la vertu ; or la vertu est une perfection de l'homme, & l'homme aime naturellement sa perfection.

Désir naturel des perfections intellectuelles.

On a beau dire, l'homme n'est pas seulement touché par les plaisirs sensibles, & par cet interêt grossier, au quel on voudroit aujourd'hui tout rapporter. L'idée des perfections intellectuelles est capable de le remuer avec encore plus de vivacité. On estime le génie, le sçavoir, la pénétration, la mémoire : ceux qui n'ont pas ces qualités les souhaitent, & si les sots ne s'avisent gueres de les souhaiter c'est qu'ils sont persuadés de les avoir. Les grands hommes qui les possédent voudroient les avoir encore à un plus haut dégré. Mr. Dalembert dit avec raison, que l'étude de la Géometrie pourroit procurer la plus douce satisfaction à un homme, qui s'en occuperoit dans une Isle déserte, il ne pourroit qu'être sensible aux progrés de son esprit.

Preuve de ce désir par le sentiment de l'honneur.

Cette idée de perfection n'est pas une chimére. Le sentiment de l'honneur qui en dépend, ou qui n'en est pour ainsi dire, qu'une branche, suffit pour en constater la réalité. Le sentiment de l'honneur se tire en effet des qualités, qui nous rendent estimables à nos propres yeux, & qui nous paroissent dignes de l'estime des autres : un homme peut trouver de la satisfaction dans les plaisirs des sens, mais il ne s'avise pas de les regarder comme des qualités propres à lui attirer l'éstime de ses semblables, &

assû-

aſſûrement dans tous les Pays du Monde on traiteroit d'extravagant celui qui ſe feroit, de la ſenſation du plaiſir, un titre d'honneur pour prétendre à l'éſtime, & à la conſideration. Preuve certaine que les hommes n'attachent l'idée de l'honneur, qu'aux qualités qu'ils regardent comme éſtimables, c'eſt à dire qui rendent ceux qui les poſſédent meilleurs que ceux qui ne les ont pas. On a vû des Nations barbares, ou dépravées ſe faire un mérite de bien porter le vin: mais cet honneur n'étoit pas attaché à la ſenſation qu'on éprouve en ſavourant la liqueur qui arroſe le gozier: c'eſt qu'on regardoit cette puiſſance de bien boire comme la marque d'un tempérament vigoureux, propre à ſupporter les plus rudes fatigues de la guerre. Un gourmet s'applaudit de bien juger d'un plat; mais ce n'eſt pas la volupté, c'eſt la fineſſe du goût qui fait l'objet de ſa puérile vanité, tant il eſt vrai, que malgré la dépravation des mœurs, & des opinions, le ſentiment de l'honneur ne peut s'attacher qu'à des qualités, qui tiennent par quelque côté à la perfection de l'homme.

Force du ſentiment de l'honneur.

Ce ſentiment de l'honneur eſt ſuſceptible d'un dégré de vivacité ſuperieur à celui de tout autre ſentiment, & il paroît que la nature ne lui a donné tant de force, que pour intereſſer l'homme plus vivement au ſoin de ſa perfection, & le porter à lui ſacrifier au beſoin le déſir des commodités, des plaiſirs, de la vie même. Tout conſiſte a ne pas ſe méprendre dans l'idée qu'on doit ſe former de la perfection.

Voïez ce ſçavant qui pâlit ſur les livres; eſt-ce l'attrait du plaiſir ſenſible; eſt-ce l'éſpoir du gain qui l'attache à ſes recherches?

Loin

Loin de là il n'étudie souvent qu'aux dépens de sa santé, & de sa fortune. La satisfaction intérieure qu'il goûte dans la contemplation des verités qu'il découvre, & si l'on veut encor le désir de la renommée sont les motifs qui l'animent, & le soûtiennent. Tel sçavant ne donneroit pas une découverte pour une Monarchie.

Corneille n'ignoroit pas les avantages qu'il pouvoit se promettre de la générosité d'un Ministre, qui avoit l'ame d'un Roi; mais l'ame sublime de Corneille étoit plus flatée de la possession du Cid, que des trésors, & des distinctions, qu'on lui eût prodigué en échange. L'empressement du Ministre, l'infléxibilité du Poëte montrent assez la fausseté du principe d'un Philosophe moderne, que tous les désirs de l'homme se terminent aux plaisirs sensibles, & que tout ce qu'on souhaite au delà, on ne le souhaite que comme un moyen de se procurer le plaisir sensible. Corneille ignoroit-il que pour trouver de quoi satisfaire les sens, l'argent est de toute autre importance qu'une piéce de Poësie? Richelieu au faîte de la grandeur, & de la fortune, respecté dans toute l'Europe, la France à ses piés, le Trône seul au dessus de lui, n'avoit-il pas dans l'éclat de sa puissance, & de sa réputation tout ce qui pouvoit intéresser les autres hommes à le flatter dans tout les goûts qu'il auroit eu? Mais Corneille ne pouvoit abandonner le plus illustre monument de son génie, & le Cardinal forcé de s'avoüer a lui même la superiorité de son rival dans cette espéce de talent, étoit mortifié que Corneille ne voulût pas avoüer la part qu'il se flattoit d'avoir dans une piéce si digne d'admiration. Car je ne crois pas

que

que Richelieu voulût s' attribuer le Cid, comme un plagiaire, qui s' approprie les vers d' autrui, ou comme un Prédicateur qui débite des sermons qu' il n' a pas composé, il est plus probable que Richelieu, qui s'entretenoit quelque fois de Poësie avec Corneille, s' imaginoit de lui avoir fourni des idées, qui pouvoient lui donner quelque droit sur ses compositions. Quoiqu' il en soit ce trait semble prouver que l' attachement de l' homme pour les objets qui contribuent à ses perfections intellectuelles, que la complaisance qu' il goûte dans le témoignage, qu' il se rend à lui même de cette sorte de perfection, que le plaisir qu' il ressent à voir son propre témoignage confirmé par celui des autres, sont tous des sentimens, dont le germe est dans la nature, & que la satisfaction qui en résulte affecte l' ame par elle même, sans aucun rapport ni aux plaisirs sensibles, ni aux interêts civils.

De la vertu. Mais si la possession des talens, du génie, du sçavoir, en un mot des qualités qui perfectionnent l' entendement, peut causer à l'ame un plaisir si ravissant, quelle satisfaction doit éprouver l' homme de bien dans la possession de la vertu? Quelle joïe peut égaler la paix dont il joüit, quel trésor vaut la conscience du juste? Arrêtons nous à la seule bienfaisance. Ce mot de l' Abbé de S. Pierre est trop beau pour ne pas l' adopter. Est-il une sensation plus délicieuse que celle de pouvoir faire du bien? Voïez cet homme dont l' ame est flétrie par l' opprobre, & les besoins de l' indigence; ses yeux mornes son front abatu découvrent assez la noirceur du chagrin qui l' opprime, & qui le ronge. Vôtre liberalité va le tirer de cet abîme de dou-

douleur ; vous dissipez sa tristesse, un doux sentiment de joïe se répand dans son ame, la ranime, & la vivifie, ses yeux éteints reprennent leur éclat, ses traîts effacés se relévent, la dignité de l'homme reparoit sur son front ; cet homme revit par vos bienfaits ; y a-t-il un bonheur comparable au vôtre ? Il est beau, disoit Ciceron, de voir un homme, qui par le charme de son éloquence sçait se faire écouter d'une nombreuse assemblée, & paroît seul digne de parler ! Mais qu'il est encor plus beau de consacrer ses soins, ses talens, son travail à la sûreté, à la tranquillité, au bonheur de sa famille, de ses voisins, d'un peuple entier, & de s'exposer soi même pour les préserver des dangers qui les ménacent ! C' est moins par leurs exploits, que par leurs bienfaits, qu' Hercule, & Théfée mériterent le nom de Héros, envain la flatterie a prodigué ce titre à des conquerans, qui n'ont fait que ravager la Terre ; Achille qui ne sçavoit que se battre, n'est point un Héros, ce titre Auguste n'est dû qu'aux bienfaiteurs du genre humain,

Erreur des Epicuriens sur la vertu.

La vertu peut-donc produire dans l'ame un sentiment de plaisir, & de satisfaction capable de la faire aimer indépendemment de toute autre consideration. Et Ciceron reproche avec raison aux Epicuriens leur affectation à ne pas vouloir distinguer le plaisir que cause une action vertueuse par la satisfaction même, que l'on éprouve à la faire, du plaisir que cause la vuë des avantages, que l'exercice, & la réputation de la vertu peuvent procurer. C'est le cas de ceux qui nient la moralité intrinséque des actions humaines, & qui les regardent toutes comme indifférentes de leur nature.

On

On ne ſçauroit-donc approuver ceux qui crainte de heurter des idées déja malheureuſement trop accreditées, n'oſant ſe départir d'un certain langage reçu parmi certains beaux eſprits, ſemblent ne fonder le mérite de la vertu, que ſur ce qu'à tout prendre, elle procure plus d'avantages que le vice, & qu'elle expoſe à moins de riſques. C'eſt faire le même cas de la vertu, qu'un Négociant fait de l'Arithmétique, dont il borne tout le mérite à l'utilité qu'il en retire pour arrêter ſes comptes, & diriger ſon commerce: au lieu que le Géométre outre l'utilité, qui peut lui être commune avec le Négociant, reconnoit dans les théorémes de l'Arithmétique une beauté réelle inhérente aux verités qu'ils renferment, & s'y applique par la ſatisfaction qu'il trouve à en repaître ſon eſprit. La vertu n'eſt pas moins eſtimable que l'Arithmétique. Elle offre des reſſources pour toutes les conditions, & toutes les ſituations de la vie, ſon utilité eſt inconteſtable; mais ce n'eſt pas en connoître le prix, que d'en borner le mérite aux avantages qu'on en retire. Celui qui ne la pratique, que dans cette vuë n'aime pas plus la vertu que le Négociant qui chiffre, n'aime l'Arithmétique. L'un ne merite pas plus le nom de vertueux, que l'autre le titre de Géométre. Celui qui s'attache à la vertu par un ſentiment analogue à la ſatisfaction qu'éprouve le Géométre dans la démonſtration d'un théoréme, celui-là eſt diſpoſé à être vertueux.

C'eſt une choſe déplorable de voir des Philoſophes Chrétiens, qui en établiſſant les principes de la vertu, n'oſent preſque plus parler de ſon honnêteté intrinſéque. Voici pour-

pourtant un argument sans replique de cette honnêteté pour tout homme qui croit en Dieu. Dites moi, Philosophe, Dieu peut-il faire que le mensonge, la perfidie, la trahison, le parjure, l'orgueil, l'ingratitude, l'impatience déviennent jamais des actions, ou des qualités honnêtes? Non, me répon-…-vous. Pourquoi? Parce qu'elles répugnent l'ordre de la sagesse de Dieu, & que Dieu e peut démentir à sa sagesse. Eh bien! je ous dis, que cette répugnance imprime au ice une difformité intrinséque, & que par raison contraire, la conformité de la ver- à l'ordre de la suprême sagesse, est une ource d'honnêteté intrinséque pour la vertu. ceron a connu ces verités; il les a expo- s de la maniére la plus lumineuse dans n Traité des Loix: elles sont consacrées r la tradition de tous les Docteurs de l' lise. Et vous Philosophe Chrétien, vous osez presque plus parler le langage de vos îtres! Que craignez-vous! de n'être pas la liste des Etres qui pensent, de passer r pédant? Vous aurez sans doute ces re- hes à essuïer. Mais de la part de qui? ignez-vous les impies déclarés? Non c'est le bourdonnement de ces échos infor-, qui repetent ce qu'ils n'entendent pas. Ci là ce qui vous allarme, & qui vous efféeye; quelle foiblesse!

Je n'ai rien avancé dans cet article touchant l'honnêteté de la vertu, & le sentiment de l'honneur, qui répugne aux principes de Mr. Rousseau, tout ce qu'on pourroit dire, c'est que dans le sistéme de cet Auteur la vertu, & l'honneur sont des qualités qui naissent plûtôt de l'état de societè, que de l'état de nature. Mais toujours

est-il

est-il certain, que la societé ne pourroit faire éclorre les sentimens de l'honneur, & de la vertu, si la nature n'en avoit mis le germe dans le cœur de l'homme, germe qui n'attend que l'occasion de se développer. D'ailleurs Mr. Rousseau convient que l'état de famille forme une societé naturelle. Or cette societé naturelle ne suffit-elle pas, à bien des égards, pour exciter ces sentimens, & les développer jusqu'à un certain point? Il faut-donc avoüer, que l'homme est naturellement susceptible d'honneur, & de vertu, que la vertu est une disposition d'ame très-convenable à sa nature, & qui contribue le
plus à sa perfection: qu'ainsi ce
dénaturer un homme, que de le ...
tueux. Mais l'homme vertueux est
yen tout formé, donc il ne f
naturer l'homme pour le rend

De la societé. Il est vrai, que dans ce volu
seau ne paroît pas faire beauc
l'état de societé. *La societé*, d
a fait l'homme plus foible, *no*
lui ôtant le droit qu'il avoit s
forces, *mais surtout en les lui*
santes. Il compare (p. 162.)
parfaite des enfans, même dans
ture, à celle dont joüissent les
l'état civil. *Chacun de nous ne*
se passer des autres, *redévient à*
ble, *&* *misérable*.

Quel est-donc l'état, où l'h
se passer des hommes? A-t-il j......
& peut-on le concevoir à moins de ramener le genre humain à cet état prétendu primitif, où les hommes marchoient à quatre pattes? Je pourrois combattre la proposition de Mr. Rousseau par d'autres propositions contradictoires

dictoires tirées de ses principes politiques. Mais j'aime mieux me prévaloir de ce que Bossuet a dit avant lui, & que personne ne dira mieux que lui. *Par le gouvernement chaque particulier dévient plus fort. La raison est que chacun est secouru. Toutes les forces de la nation concourent en un, & le Magistrat souverain a droit de les réunir ...... toute la force est transportée au Magistrat souverain, chacun l'affermit au prejudice de la sienne, renonce à sa propre vie en cas qu'il désobeïsse. On y gagne, car on retrouve en la personne de ce supreme Magistrat plus de forces qu'on n'en a quitté pour l'autoriser, puisqu'on y retrouve toute la force de la nation réunie ensemble pour nous secourir, ainsi un particulier est en repos contre l'oppression & la violence, parce qu'il a en la personne du Prince un défenseur invincible, & plus fort sans comparaison, que tous ceux du peuple qui entreprendroient de l'opprimer ...... les hommes superbes, & violents sont ennemis de l'autorité, & leur discours naturel, est de dire: qui est nôtre maître? .... en voulant tout donner à la force, chacun se trouve foible dans ses prétentions les plus legitimes, par la multitude des concurrens, contre qui il faut être prêt ...... où tout le Monde peut faire ce qu'il veut, nul ne fait ce qu'il veut; où il n'y a point de maître, tout le monde est maître; où tout le monde est maître, tout le monde est esclave.* Bossuet Politique tirée de l'Ecriture l. 1. v. propos.

Voilà ce que le grand Bossuet a puisé dans les sources de la révélation. A-t-on réellement trouvé quelque chose de mieux? Et serions nous sages d'abandonner la voye droite dans laquelle nos Peres ont marché, pour nous engager dans des sentiers obscurs, &

 détour-

détournés, dont personne jusqu' ici n' a vû le terme, & qui aboutiroient, on ne sçait où.

Propos indécent contre les loix, & la societé.

„ Nous étions faits, continue l' Auteur, „ pour être hommes: les loix, & la societé „ nous ont replongé dans l' enfance, il nous „ faut des têtes, avoit il dit (p. 21.) façon„ nées au déhors par les sages femmes, „ & au dedans par les Philosophes, les Ca„ raïbes sont de la moitié plus heureux que „ nous.

A moins que les connoissances, & les vertus ne dégradent l' homme, je ne vois pas que les Lycurgue, les Solon, les Aristide, les Socrate, & si l' on veut les Turenne, les Newton, les Daguesseau soient devenus des enfans par l' éducation, & les secours, que les loix, & la societé leur ont procurés. Qu' on me montre hors de l' état civil des hommes plus hommes que ceux-là? Mr. Rousseau semble envier le sort des Caraïbes, dont les têtes ne sont façonnées ni par les Philosophes, ni par les sages femmes. Je ne sçais ce qui en est des Caraïbes; mais en général les sauvages ne cédent guéres aux Européens dans la singularité de leurs modes à façonner le corps de leurs enfans, soit en leur mettant la tête au pressoir pour l' applatir, & l' élever en bonnet de grenadier, soit en allongeant leurs oreilles pour les faire flotter sur les épaules, soit en leur perçant les lévres, & les narines pour les garnir d' anneaux, & de plumes. L' habileté de nos sages femmes n'est point encore arrivée jusques là, il est vrai que les têtes de ces peuples ne sont pas façonnées par les Philosophes. Si l' Auteur veut parler des Philosophes qui donnent le ton *à l' esprit inquiet, & remuant*

de

de ce siécle, qui bouleverse tout à chaque génération, il a raison de vouloir nous précautionner contre une sorte de Philosophie, qui n'a produit jusques ici d'effet bien marqué, que celui d'aigrir nombre de sujets contre la Réligion, contre lè gouvernement, contre les devoirs de la societé, sans les rendre ni plus sages pour eux mêmes, ni meilleurs pour les autres. Mais qu'on nous donne des têtes façonnées par des Philosophes tels que Ciceron dans son Traité *de officiis*, tels qu' Epictête, & Marc Aurele, tels surtout que les Philosophes Chrétiens Orthodoxes, ces têtes assûrément n'y perdront rien. M. Rousseau trouvera chez les Caraïbes Antropophages des estomacs plus vigoureux, mais il ne trouvera pas de meilleures têtes.

Un des inconvéniens que Mr. Rousseau trouve dans la societé, c'est celui d'abatre le courage, & de faire craindre la mort. *Voulez vous trouver*, dit il (p. 63.), *des hommes d'un vrai courage? Cherchez-les dans les lieux, où il n'y a point de Medecins, où l'on ignore les conséquences des maladies, & où l'on ne songe guêres à la mort. Naturellement l'homme sçait souffrir constamment, & meurt en paix, ce sont les Medecins avec leurs ordonnances, les Prêtres avec leurs exhortations, les Philosophes avec leurs préceptes, qui l'avilissent de cœur, & lui font désapprendre à mourir.*

C'est à dire que le vrai courage se trouve parmi ces peuples grossiers & stupides, que les voyageurs nous représentent vivants à peu près comme des brutes, sans art, & sans culture, uniquement occupés du present, & sans aucune prévoyance de l'avenir. Ces hommes, s'il en est pourtant de tels, sçavent souffrir en paix, parceque semblables aux enfans, ils ne ſentent que le mal préſent, & ne ſongent point aux conſéquences. La mort ne les effraye point non plus, parcequ'ils ceſſent de vivre ſans ſçavoir qu'ils vont mourir. Eſt-ce donc que le vrai courage conſiſte à ne point s'émouvoir d'un danger qu'on ne connoît pas? Un homme promene tranquillement dans une allée; un magazin de poudre dont il ignore le voiſinage, prend feu, & le fait ſauter en l'air; dira-t-on que cet homme a affronté la mort avec courage? Tirez l'homme de cet état d'abrutiſſement, & de ſtupidité, qui n'eſt point l'état naturel de l'homme (s'il eſt vrai que l'homme n'eſt pas fait pour être toujours enfant) donnez lui quelque lueur de raiſon, des idées reflechies; prenez en un mot le genre humain tel qu'il eſt; je dis que l'aſpect de la mort a naturellement quelque choſe de terrible pour tout homme tant ſoit peu capable de penſer, & de reflechir. On ne ſe familiariſe point ſans peine avec l'idée de ſa propre deſtruction. Ajoutez à cela que les preuves mêmes, par leſquelles Mr. Rouſſeau a entrepris de dévoiler d'après quelques celebres Philoſophes, le foible & l'abſurdité du materialiſme, montrent aſſez que rien n'eſt plus naturel à l'homme que le ſentiment de l'immortalité de ſon ame. L'impreſſion qui porte les hommes à regarder la mort comme le paſſage d'une vie à une autre vie, eſt trop univerſelle pour n'être pas naturelle: elle ſe manifeſte dans tous les tems, & dans tous les lieux, en Europe & en Aſie, en Afrique & en Amerique, chez les nations policées, chez les peuples ſauvages, juſques chez les Caraïbes. La raiſon la plus ſaine, & la plus éclairée, la plus exemte de paſſions, & de prejugés, dictoit à Socrate

que

que la mort ne devoit pas être égale pour l' homme de bien, & pour le méchant. Celà étant de l' aveu même de Mr. Rousseau, n' est il pas étrange qu' il aille placer l' idée du vrai courage dans des hommes ou qui ignorent les conséquences des maladies, ou qui ne songent gueres à la mort. Ignorer les conséquences des maladies, & les suites de la mort, c' est vivre dans l' enfance, ou dans une stupidité pire que l' enfance. L' indifference qui en resulte n' est pas le courage. Connoître ce que c' est que la mort par une idée réflechie, & n' en point aprehender les suites, se tranquilliser sur le sort d' une vie à venir, dont le sentiment selon M. Rousseau même est naturel à l' homme, en prenant le parti de n' y pas songer; c'est vouloir s' étourdir, ou plutôt s' aveugler de propos deliberé, & de la maniere du Monde la plus insensée. C' est pourtant dans cette brutale stupidité d' ignorance, ou de nonchalance, que Mr. Rousseau établit le principe du vrai courage, la source de nôtre tranquillité, & de nôtre bonheur. *Les sauvages*, dit-il encore (p. 153.) ainsi que les bêtes *se debattent fort peu contre la mort, & l' endurent presque sans se plaindre*. Voilà, o Sages humains, quels sont les modeles qu' un Philosophe vous propose pour vous apprendre à vivre en paix, & à mourir tranquillement! Le desir de sa conservation est naturel à l' homme. En vain M. Rousseau voudroit contester ce principe; la nature plus forte que lui l' a gravé dans tous les cœurs. Donc la vuë d' un mal dont les suites pourroient être fatales, ne peut qu' exciter quelque sentiment d' inquietude. Sentir que la mort pourroit bien n' être que le passage d' une vie à une autre vie, & n' y point son-

 ger.

ger ; c'eſt agir contre nature & contre raiſon. La penſée de la mort conſiderée ſous ce point de vuë doit être la regle de la vie. Il n'y a qu'un Materialiſte décidé, qui puiſſe conſéquemment à ſes principes ſe tranquiliſer ſur les ſuites de la mort par l'eſperance d'une totale deſtruction. Mais la ſecurité du Materialiſte tient plus aux efforts qu'il fait pour ſe raſſurer contre toute crainte, qu'aux raiſons qu'il a pour ne rien craindre. J'oſe dire qu'il n'y a pas un ſeul Materialiſte, qui pour peu qu'il veuille s'examiner, puiſſe ſe rendre à lui même le témoignage d'une pleine conviction touchant la mortalité de ſon ame. Quelle effroyable incertitude ne doit pas naître de ce defaut de témoignage dans l'ame de l'incredule? D'où je conclus (par les principes mêmes de l'Auteur, & contre lui) que tout homme raiſonnable devant régler ſa vie ſur les ſuites de la mort, il eſt également contre la nature, & contre la raiſon d'en eloigner la penſée, & de n'y point ſonger.

Mais cette penſée eſt effrayante? D'acord, mais c'eſt que l'objet eſt terrible par lui même, & qu'il ne ceſſe pas de l'être, pour n'y pas ſonger. Il ne reſte donc qu'un ſeul moyen de s'armer de courage contre la vuë de la mort. C'eſt de l'enviſager dans l'ordre de la Religion, en profitant des moyens qu'elle ſeule fournit de la rendre non ſeulement paiſible, mais encore deſirable. Mr. Rouſſeau veut-il l'exemple d'un courage héroïque à cet égard? Qu'il ſe rapelle celui de ce grand Apôtre du Chriſtianiſme, qui à la vuë d'un bonheur éternel, ſoûpiroit après l'heureux moment qui devoit le degager des liens de ſon corps, & le reünir pour tou-

jours

jours à ſon Divin Maître. L'Hiſtoire de la Réligion Chrétienne lui fournira des exemples ſemblables dans tous les ſiécles. Sans recourir aux livres il n'a qu'à interroger des hommes reſpectables, qui vivent encore, & qui lui diront avec quelle édification ils virent acourir de toutes parts au premier bruit de la peſte de Marſeille des Religieux fervents, qui alloient pleins de joïe ſe renfermer dans les murs de cette Ville infortunée, pour ſe conſacrer au ſervice des malades, dans l'eſperance d'acquerir une couronne immortelle en ſacrifiant une vie periſſable pour le ſervice de leurs freres. De tels hommes, n'en deplaiſe a Mr. Rouſſeau, valoient bien des ſauvages, ou des bêtes. J'ai vû moi même au lit de la mort un reſpectable Vieillard avec qui j'avois vecu familierement dans ma premiere jeuneſſe. Cet homme vertueux avoit mené loin du Monde, une vie obſcure mais innocente, goûtant dans le ſein de la retraite, dans les exercices de pieté conformes à ſon état, cette paix d'eſprit, cette douce tranquillité, cette joïe interieure que les plaiſirs & les grandeurs du ſiécle ſemblent promettre, & ne donnent jamais. La candeur, & le calme de ſon ame paroiſſoit dans la ſimplicité de ſes diſcours, & de ſes manieres. Sa derniere maladie n'altera point ſes diſpoſitions. Une douce ſerenité étoit peinte ſur ſon viſage. M'étant approché de ſon lit, je lui demandai comment il ſe ſentoit, il me repondit avec ſa tranquillité ordinaire, moitié latin, moitié françois: *J'attends Regnum Cælorum*; peu d'heures après il expira dans cette heureuſe attente. Sont-ce là des hommes avilis de cœur!

Quant à ce que Mr. Rouſſeau dit des

Medecins, ce n'est pas mon affaire; il y a bien apparence que son livre ne leur ôtera pas leurs pratiques.

Distinction de l'Auteur entre la dépendance des choses, & la dépendance des hommes. Il voudroit abolir la seconde.

Une autre dépravation de la societé, selon l'Auteur, est celle qui naît de la dépendance. „ Il y a, dit-il (p. 162.) deux sortes „ de dépendances, celle des choses qui est „ de la nature, celle des hommes qui est „ de la societé. La dépendance des choses „ n'ayant aucune moralité, ne nuit point à „ la liberté, & n'engendre point de vices. „ La dépendance des hommes étant desor- „ donnée les engendre tous, & c'est par „ elle que le maître & l'esclave se depra- „ vent mutuellement.

Cette dépendance est établie dans l'Ecriture.

Dire que la dépendance des hommes établie dans tous les gouvernemens, dont il est fait mention dans l'histoire, est une dépendance désordonnée, qui engendre tous les vices, c'est contredire ouvertement l'Ecriture Sainte, qui autorise, & recommande en mille endroits cette sorte de dépendance. *Soïez-donc soumis*, dit S. Pierre (1. C. 2.) *pour l'amour de Dieu, à l'ordre qui est établi parmi les hommes : soïez soumis au Roi, comme à celui qui a la puissance suprême, & à ceux à qui il donne son autorité*. S. Paul parle le même langage. Je sçai que Mr. Rousseau traite de vils esclaves ceux qui n'ont pas le prétendu courage de penser comme lui. Mais nous osons dire, que les premiers Apôtres du Christianisme ne manquoient pas de courage, & qu'ils étoient très-éloignés de ce vil caractere de flaterie, & de lâcheté, dont l'Auteur fait le partage des esclaves.

Cette dépendance est inévitable dans le sistéme de l'Auteur même.

Cette dépendance est inévitable, on ne peut l'éviter même dans le sistéme tout idéal de l'Auteur. *Par le pacte social* (p. 29.) *chacun*

chacun de nous met en commun sa personne, & toute sa puissance sous la suprême direction de la volonté générale. Cependant il est obligé d'avoüer que chaque individu peut comme homme avoir une volonté particuliére contraire à la volonté générale. *Son interêt particuliér* (p. 35.) *peut lui parler tout autrement que l'interêt commun. Son existence absoluë, & naturellement indépendante peut lui faire envisager ce qu'il doit à la cause commune, comme une contribution gratuite, dont la perte sera moins nuisible aux autres, que le payement n'en est onéreux pour lui ..... injustice dont le progrés causeroit la ruine du corps politique. Afin donc que le pacte social ne soit pas un vain formulaire, il renferme tacitement cet engagement, qui seul peut donner de la force, aux autres, que quiconque refusera d'obeïr à la volonté générale y sera contraint par tout le corps. Ce qui ne signifie autre chose si non qu'on le forcera d'être libre.*

Voilà-donc que dans un sistéme imaginé à plaisir pour le maintien de la liberté, l'homme est encore obligé de dépendre, & de plier sous l'autorité d'un corps qui peut le contraindre d'obeïr malgré qu'il en ait. Il est vrai que M. Rousseau a trouvé un expédient admirable pour remédier à cet inconvénient. C'est que la *Cité* en contraïgnant un homme à obeïr malgré lui, ne donne point d'atteinte à sa liberté; bien loin de là, elle le force d'être libre. Celà est clair. La liberté consiste à faire ce que l'on veut, c'est l'idée qu'en donne M. Rousseau. Ainsi forcer un homme d'être libre, en le contraignant à obeïr, malgré qu'il en ait, c'est forcer un homme de faire ce qu'il veut, tandis qu'on le contraint de faire ce qu'il ne veut pas. Qui est-ce qui n'entend pas celà ? Mais outre la Cité qui ne doit faire que des loix, il faut encore dans le sistéme de l'Auteur, qu'il y ait un Magistrat chargé de tous les actes particuliers du gouvernement. Voilà par conséquent un corps particulier, & quelque fois un homme seul dont il faudra dépendre.

La dépendance des hommes n'est pas contraire à la nature.

La dépendance des hommes n'est pas contraire à la nature de l'homme. La nature n'a pas fait les hommes pour vivre seuls; donc elle ne les a pas fait pour vivre dans l'indépendance. Societé & dépendance sont des idées rélatives; car nulle societé ne peut subsister sans ordre, & nul ordre sans dépendance. Les malades se soumettent aux ordonnances du Medecin, les voyageurs à la direction de leur guide, les soldats aux ordres de leur Chef: c'est qu'ils sont persuadés que le Medecin, le guide, le Général sçavent mieux qu'eux ce qui leur est avantageux. Les hommes sçavent naturellement qu'ils ont besoin de vivre en societé, & il faut bien qu'ils le sçachent naturellement, puisque par tout ils ont établi des societés; la multitude sçait aussi qu'elle a besoin d'être gouvernée. Les peuples les plus jaloux de leur liberté, ont vû qu'ils ne pouvoient se passer de Chefs autorisés à veiller au maintien des loix, & armés de la force publique pour réprimer ceux que l'interêt particulier souleveroit contre l'interêt général. Mr. Rousseau dit que le peuple veut le bien, mais qu'il ne le voit pas; il convient que l'ordre le meilleur, & le plus naturel est celui, où la multitude est gouvernée par les sages. C'est par ce principe que les Médes fatigués des désordres de l'Anarchie se sou-

soûmirent volontairement à Déjoce dont ils avoient reconnu la sagesse, & l'intégrité. C'étoit suivre l'impression de la nature qui veut un ordre dans la societé, comme dans toute autre chose. Le sauvage que Robinson délivra de la mort (je cite une autorité que Mr. Rousseau ne recusera pas) se livra sans reserve à son bienfaiteur non seulement par gratitude pour le bienfait qu'il en avoit reçu, mais aussi parce qu'il reconnut que Robinson lui étoit supérieur en sagesse, & pouvoit lui apprendre à devenir meilleur. On ne vît jamais de dépendance plus absoluë, que celle de cet homme à l'égard du maître qu'il s'étoit donné. C'étoit pourtant un sauvage, c'est à dire une de ces ames fiéres dans qui Mr. Rousseau admire avec complaisance l'indépendance originelle de la nature. En un mot puisque les hommes doivent vivre ensemble, il faut que les uns commandent, & les autres obeïssent; on aura beau tergiverser; après bien des tours, & des détours il faudra en revenir là, ou dire avec Mr. Rousseau, que quand la Cité, ou le Magistrat fait mettre un homme en prison, ce n'est pas qu'on veuille qu'il dépende, *c'est qu'on le force d'être libre*. L'Egyptien avoit bien raison: O Grecs vous étes toujours enfans.

Mr. Rousseau ne presente ni l'état de nature, ni l'état de societé sous leur vrai point de vuë. Il dit que *nous étions faits pour être hommes, que les loix & la societé nous ont réplongé dans l'enfance*. Il ajoute que *quiconque fait ce qu'il veut est heureux, s'il se suffit à lui méme, & que c'est le cas de l'homme vivant dans l'état de nature*. D'abord il ne songe pas que sans les loix, & la societé l'édul' éducation feroit nulle, & que fans l'éducation les hommes feroient ou imbecilles, ou feroces, ou l'un, & l'autre felon que les paffions feroient dans le calme, ou dans l' agitation. M. Rouffeau peint l'état de nature tel que la fécondité de fon imagination le lui reprefente. Un Ecrivain plus folide va le peindre d'après nature par des traits empruntés des monumens hiftoriques. C'eft l'auteur de l'excellent Traité *de l'origine des loix, des arts, & des fciences &c.* Il a été un tems, dit-il 1. vol. p. 3., où prefque toute la Terre fut plongée dans une barbarie extrême. On vît alors les hommes errer difperfés dans les bois, & dans les campagnes, fans loix, fans police, & fans chef. (*Voilà l'état de nature bien caracterifé.*) Leur ferocité devint fi grande que plufieurs la porterent au point de fe manger les uns les autres. Ils negligerent tellement les connoiffances les plus communes, que quelques uns oublierent jufqu'à l'ufage du feu. C'eft à ces tems malheureux qu'on doit rapporter ce que les Hiftoriens profanes racontent des miferes dont le Monde fe trouva affligé dans les commencemens. On ne fera point difficulté d'ajouter foi a ces récits, quand on jettera les yeux fur l'état dans lequel les anciens Hiftoriens difent que plufieurs Contrées étoient encore de leur tems, état dont la realité fe trouve confirmée par les relations modernes. Les voyageurs nous apprennent qu'aujourd'hui même, on rencontre dans quelques parties du Monde, des hommes d'un caractere fi cruel, & fi féroce, qu'ils n'ont entr'eux ni focieté, ni commerce; fe faifant une guerre perpetuelle, ne cherchant qu'à fe detruire, & même à fe manger. Denués de de tous les principes de l'humanité, ces peuples ſont ſans loix, ſans police, ſans aucune forme de gouvernement; peu differens des bêtes féroces ils n'ont pour retraite que les antres, & les cavernes. Leur nourriture conſiſte dans quelques fruits, quelques racines que les bois leur fourniſſent: faute de connoïſſances & d'induſtrie, ils ne peuvent ſe procurer que rarement des alimens plus ſolides; privés enfin des notions les plus ſimples, & les plus ordinaires, ces peuples n'ont de l'homme que la ſigure.

Voilà des peintures, ou des témoignages bien differens. D'un côté Mr. Rouſſeau affirme que les loix, & la ſocieté ont réplongé les hommes dans l'enfance, que la condition de l'homme dans l'état de nature eſt de ſe ſuffire à lui même, & de vivre heureux; il le dit, & n'en apporte pas la moindre preuve. D'un autre côté l'Auteur *de l'origine des loix &c.* affirme que le defaut des loix, & du gouvernement plonge les hommes dans la plus affreuſe barbarie, & il le prouve par des faits: auquel des deux doit-on s'en rapporter? Ce n'eſt pas cependant que les hommes naiſſent mechans, ainſi que l'a penſé Hobbes. Si cela étoit la ſomme des actions injuſtes ſurpaſſeroit infiniment dans tout un peuple la ſomme des actions humainement juſtes; au lieu que la ſomme de celles-ci eſt toujours incomparablement ſuperieure à la ſomme des autres, ſans quoi nulle ſocieté ne pourroit ſubſiſter. C'eſt ce qu'il ſeroit aiſé de vérifier par le detail. Ce qui fait qu'on eſt communement perſuadé du contraire, c'eſt que les actions ordinaires de juſtice & de bonté affectent peu, parcequ'elles ſont dans l'ordre naturel. Nous ne ſentons point le battement de cœur & des arteres, tandis que ces mouvemens ſe font d'une maniere conforme à l'état de ſanté naturel à l'homme; mais nous ſentons vivement tout deplacement de parties, contraire à cet état. Tout mouvement particulier dans les corps eſt déterminé par l'ordre général, & tend à l'ordre général. Il eſt le réſultat des combinaiſons de toutes les forces mouvantes de l'Univers, & tend à maintenir l'harmonie entre toutes les forces mouvantes. Tout ce qui ſe fait dans la nature eſt dirigé par des principes ordonnés entr'eux, & tend à maintenir l'ordre dans les principes. La régularité de la combinaiſon primitive du ſiſteme total a determiné une marche réguliére dans tous les mouvemens des parties, & cette marche réguliére entretient la régularité du ſiſteme. Dans les corps organiſés qui ont un principe de ſenſation, la conſervation & le bien être depend de l'harmonie naturelle de leurs parties, la douleur & la peine eſt attachée au dérangement qui trouble cette harmonie. Tel eſt le plan de la nature.

Si des êtres ſenſitifs nous paſſons aux êtres intelligens, nous trouverons que l'idée de l'ordre leur eſt en quelque ſorte naturelle, & homogene, & que c'eſt un attrait puiſſant qui les porte à agir d'une maniere conforme à leur perfection & à leur bonheur. L'homme eſt naturellement ami de l'ordre, il l'approuve par tout, où il le reconnoît, & s'y complait; il ne peut rien connoître que par l'ordre qu'il met dans ſes perceptions, il ne peut rien executer que par l'ordre qu'il met dans ſes operations. Plus il a de diſpoſition à ſaiſir l'ordre, & à le ſentir

tir dans les differens objets de l'intelligence, plus il a de genie, & de talent. C' eſt de l'ordre des affections, que depend le calme, & la ſerenité de l'ame; la contrarieté qui en trouble l'harmonie, produit l'inquietude, la rage, & le deſeſpoir. Qu'un certain nombre d'hommes ſe trouvent reünis pour quelque cauſe que ce ſoit, une certaine impreſſion d'ordre les porte auſſi-tôt à s' arranger entr' eux d'une maniere convenable à l'objet qui les raſſemble.

Ainſi ce n'eſt ni la crainte ſeule, ni l'utilité ſeule, ni la ſeule bienveillance, qui a porté les hommes à ſe réunir en corps de ſocieté. Chacune de ces cauſes eſt incomplette par elle même; & c'eſt ce qui rend ſi defectueux tous les ſiſtémes, où l'on a prétendu établir ſur l'une, ou l'autre en particulier le fondement de la ſocieté. Il faut donc les reünir toutes trois, puiſqu'elles ſont de nature à concourir au même but; il faut y joindre l'impreſſion dominante de l'ordre qui leur ſert de lien commun, & l'on aura le vrai principe de toute ſocieté civile. La bienveillance eſt en effet le premier ſentiment qui lie les hommes entr'eux, comme il paroît evidemment par l'état de famille, par le plaiſir que nous goûtons dans le commerce de nos amis, par la ſatisfaction que nous éprouvons à pouvoir obliger les autres, par la reconnoiſſance, que nous conſervons envers ceux qui nous obligent. Ces ſentimens peuvent étre combattus, quelque fois étouffés par la cupidité; mais ils ne ſont pas moins dans la nature. L'utilité eſt le ſecond motif qui porte les hommes, & les familles mêmes à ſe reünir. Sans cette reünion les hommes manqueroient ſouvent du neceſſaire, elle les met

met à portée de ſe procurer tout ce qu'il faut, non ſeulement pour les beſoins indiſpenſables, mais encore pour l'agrément de la vie. La crainte eſt le troiſiéme motif de leur aſſociation. Car la cupidité venant a rompre les premiers liens de la nature, arme les méchans contre les bons, & met ceux-ci dans la néceſſité de reünir leurs forces pour repouſſer les inſultes des premiérs. Voilà les cauſes qui portent les hommes à ſe réunir; mais ils ne ſont pas plutôt raſſemblés que l'impreſſion de l'ordre les porte à donner un arrangement, une forme convenable à leur aſſociation. Cet arrangement exige des regles qu'on apelle loix. L'établiſſement des loix conduit à l'établiſſement de l'autorité chargée de veiller à leur maintien. Telle eſt l'origine de l'ordre civil. Ainſi l'homme naturellement ami de l'ordre n'eſt pas mechant par nature; mais il le devient par la rivalité, & par la concurrence des interêts qui irritent ſes paſſions. Il ſemble d'abord à cet égard que la ſocieté en multipliant les interêts, doit multiplier les cauſes de la concurrence, & par conſequent les ſources de la mechanceté. Mais il y a deux conſiderations à faire. La premiére eſt que dans l'état de ſocieté la diviſion des interêts ne roule pas ſur les premiérs beſoins de la vie. L'état civil fournit ſuffiſamment à tous, & abondamment à la plûpart toutes les choſes neceſſaires à cet égard. Au lieu que dans l'état de nature, ou dans les états approchant, les hommes ſe trouvent ſouvent expoſés à toutes les horreurs de la faim, & de la diſette. C'eſt à ces dures extrêmités que l'Auteur de *l'origine des loix &c.* attribuë l'horrible barbarie, dans laquelle

l'état

l'état de nature eſt capable de plonger les hommes, en les pouſſant à s' entredétruire, & juſqu'à ſe manger les uns les autres. L'état civil en procurant aux peuples des moyens aſſurés de ſubſiſtance a fait ceſſer l'antropophagie dont l'uſage ſubſiſte encore par le defaut de cet état parmi quelques nations ſauvages & barbares. Quelque grande que puiſſe être la concurrence des interêts civils dans l'état de ſocieté, elle n'excitera jamais des paſſions comparables à l'acharnement qui les porte au comble de la cruauté & de la ferocité. La ſeconde reflexion qu'il faut faire eſt celle-ci : il eſt vrai que la ſocieté multiplie les interêts en multipliant les biens, & les commodités de la vie; mais elle diminuë la concurrence, & les effets de la concurrence par les loix qui bornent les pretentions, en fixant les droits d'un chacun. Des hommes vivants dans l'état de nature auront plus de debats pour quelques fruits ſauvages que les plus grands interêts ne ſont capables d'en exciter dans les êtats bien policés.

Ajoutons que par une ſuite de leur conſtitution naturelle, les hommes naiſſent, les uns avec un eſprit borné, & des paſſions calmes; les autres avec un eſprit plus vif, & des paſſions plus ardentes. Les premiers n'étant pas cultivés, demeureront imbecilles; les autres n'étant ni guidés, ni retenus deviendront féroces. Il en eſt d'autres qui naiſſent avec une ſorte de dérangement phyſique dans les organes, dérangement qui ne produit pas une folie complette, mais une irregularité d'idées, d'où naiſſent certains caractéres inquiets, brouillons, turbulents, qui ſemblent ſe plaire dans le deſordre &

la tracasserie. Ces sortes de naturels ne peuvent être redressés que par des impressions physiques de châtimens, & de peines, propres à reprimer les saillies tumultueuses occasionnées par le dérangement de leur cerveau. Or les secours necessaires pour élever & conduire les hommes conformement à leurs differens caractéres ne se trouvent que dans l' état de societé. C' est donc plûtôt par humeur que M. Rousseau s' est mis en tête que les loix, & la societé replongent les hommes dans l' enfance. N' avouet-il pas lui même que les hommes tiennent de l' éducation tout ce qu' ils n' ont pas en naissant, & dont ils ont besoin étant grands. Or je suis bien assuré qu' on ne formera jamais un plan raisonnable d'éducation, qui ne tienne par quelque côté aux loix & à la societé. Mr. Rousseau n' auroit pû lui même arranger son nouveau sisteme sans les lumieres qu' il a puisées dans la societé, & dont il abuse pour attaquer cette même societé. Il pretend que la societé avilit l' homme; il s' imagine apparement que les hommes auroient communement dans l' état de nature ces sentimens d' élévation que les gens bien nés trouvent en eux mêmes, & aux quels il leur semble qu' ils donneroient un plus libre essor, s' ils vivoient dans une totale independance. C' est se faire illusion que de penser ainsi. La noblesse & la générosité des sentimens qui caractérisent les ames bien nées ne pourroient guéres se développer dans des enfans qui s' éleveroient, pour ainsi dire, d'eux mêmes. Ces sentimens quoique naturels ont besoin de culture pour se développer. Cette culture est le fruit de l'éducation civile, & du soin que l'on prend d' imprimer de bonne heure dans l'esprit des enfans

enfans les idées de la vertu, & de l'honneur.

Il plait encore a Mr. Rousseau de supposer que dans l'état de nature l'homme seroit plus fort, parceque ses forces seroient proportionnées à ses desirs, & ses desirs à ses besoins; qu'il devient foible dans la société, parceque ses desirs croissent en plus grande proportion que ses forces. J'ose dire que cette idée est plus specieuse que solide. Où l'homme dans l'état de nature n'auroit que des perceptions purement sensibles de chaud, de froid, de plaisir, de douleur &c. sans aucune idée proprement dite, c'est à dire dans le langage de Mr. Rousseau, sans notions determinées par des rapports; ou bien l'homme dans l'état de nature pourroit s'élever de la sensation à la connoissance des objets, & de leurs rapports, & faire quelque usage de sa raison. Si l'homme dans l'état de nature étoit borné au pur sensible, sans idée reflechie, sans aucun usage de la raison, il est très-vrai que ses desirs seroient aussi bornés que ceux des animaux; il ne sentiroit d'autre besoin que d'assouvir sa faim, de se garantir du chaud, & du froid &c. Mais quelques bornés que soient ces desirs, & ces besoins, il n'est pas moins vrai que l'homme destitué de tout usage de raison, seroit dans l'impuissance absoluë d'y pourvoir. Car comme nous l'avons deja remarqué l'homme n'a point reçu de la nature, comme les autres animaux d'instinct determiné à un genre d'industrie particulier, & muni d'organes, ou d'instrumens uniquement propres aux operations qui lui sont convenables. Le sentiment du besoin & l'impression des objets sensibles suffisent seuls pour mettre en jeu les ressorts de cet instinct que la nature a donné pour conducteur aux animaux, & leur faire executer à point nommé toute la suite des mouvemens, & des operations, par lesquelles la nature a pourvu à leur conservation, & à leur defense. Il n' en est pas ainsi de l' homme. Comme la nature ne l'a pas borné à un seul genre d'industrie, ou à un ordre particulier d'operations pour ainsi dire méchaniques, le seul sentiment du besoin, la seule impression des objets sensibles ne suffisent pas pour determiner ses organes aux actions nécessaires pour sa defense & sa conservation. Ce sentiment, cette impression ne font pour ainsi dire que l'avertir du besoin où il est, & exciter ses connoissances & sa raison pour songer aux moyens d' y satisfaire. Il faut qu'il apprenne à connoître les objets qui l' environnent, à discerner les rapports de convenance, & de disconvenance qu' ils ont avec lui, à imaginer les moyens de les saisir, ou de les eviter, & la maniere de s' en servir.

La raison est ainsi comme un art universel qui tient lieu à l' homme de tous les arts particuliers en le rendant capable de varier son industrie d' une maniere proportionnée aux differentes circonstances où il se trouve. Aussi, comme Galien l' observe d' après Aristote, la nature lui a donné les mains comme un instrument universel propre à façonner, & à mettre en œuvre les instrumens particuliers qui lui sont necessaires pour parvenir à ses fins. Je demanderois ici volontiers à un Materialiste Philosophe quelle est donc cette nature, qui a produit un être dont l'espece devoit se perpetuer, & dont la conservation est pourtant essentiellement attachée

à

à des notions intellectuelles ? Il est donc constant que si dans l'état de nature l' homme pouvoit être borné à n' avoir que des perceptions purement sensibles, loin d' être fort, il seroit le plus miserable de tous les êtres, forcé de perir par l'impuissance absoluë où il se trouveroit de se procûrer le moindre secours. D'où il suit que l' homme tel que le depeint Mr. Rousseau dans son livre de l' inégalité n'a jamais pû exister.

Afin donc que l' homme puisse subsister dans l' état de nature, il faut lui supposer quelque degré de connoissance, & quelque usage de la raison. Et alors où la raison demeureroit dans cet état de grossiereté & d' imperfection qui fut toujours l'appanage des peuples vivants sans loix, & sans gouvernement; & nous avons vû que les hommes loin d' acquerir plus de force par cet état, s' y trouvent reduits à la disette la plus affreuse dans la fatale impuissance de pourvoir aux plus pressantes necessités de la nature; ou bien, ce qui est contre toute experience, la raison pourroit acquerir dans l' état de nature autant de lumiere, de force, & d'étenduë, que dans une societé policée; & alors l' homme auroit de nouveaux desirs, & de nouveaux bésoins avec moins de moyens pour les satisfaire: car l' ordre & le développement des inclinations de l' homme repond exactement à l' ordre & au développement de ses perceptions, & de ses connoissances. N' a-t-il que des sensations, tous ses desirs seront bornés à la sphere du sensible. At-il des idées proprement dites des notions determinées par des rapports? Connoît-il par le moyen de ces rapports la convenance ou la disconvenance des objets? De ces notions intellectuelles naît aussitôt un nouvel ordre d'inclinations relatives à l'idée que la raison nous donne de la perfection & du bonheur.

C'est donc une pensée bien peu raisonnable que celle de Mr. Rousseau, que les loix & la societé ont replongé les hommes dans l'enfance; comme si l'homme sortant, pour ainsi dire, du sein de la nature, fut pourvu de tout ce qui lui est necessaire pour se conserver, pour se defendre, pour se maintenir dans son independance naturelle, se suffire à lui même, & vivre ainsi content & heureux. Rien n'est moins raisonnable qu'une telle pensée.

Car nous avons vu 1. que sans la direction de la raison l'homme est absolument hors d'état de faire le moindre usage de ses forces; ensorte que l'on peut dire que l'homme n'a de force qu'autant qu'il a de raison, parceque l'application de la force suppose toujours un choix, qui ne peut exister sans quelque connoissance & quelque usage de la raison. Or la raison a bésoin de culture pour se développer. C'est le feu caché dans le caillou, qui n'étincelle que par l'ébranlement & les secousses qu'il reçoit de l'acier. La culture de la raison exige necessairement une communication de lumieres, qui ne peut avoir lieu que dans la societé.

2. Mais la raison même quelque éclairée qu'elle soit, ne suffit point pour procurer à l'homme tous les secours dont il a bésoin. C'est de quoi Mr. Rousseau pouvoit se convaincre par les avantures vraies ou enigmatiques de Robinson dans son Isle. Malgré les connoissances & l'experience qu'il avoit

acquises

acquises dans la société, malgré les secours que lui fournirent les débris de son vaisseau, que de travaux, que de fatigues n' eut-il pas à essuïer pour se procurer une modique subsistance ! Et même toute son industrie n' auroit pû le garantir d' une perte certaine, si l' Isle eut été moins temperée, ou si elle eut été habitée pas des bêtes feroces.

C' est que la raison n' a pas été donnée à l' homme pour se suffire à lui même ; mais elle a été donnée aux hommes pour leur apprendre à se reünir, & leur faire trouver dans un commerce de devoirs & de secours reciproques tout ce qui leur est necessaire pour vivre d' une maniere convenable à la dignité de leur nature.

Nous n' avons pas bésoin de nous transporter jusques chez les Hurons & les Hottentots pour voir ce que c' est qu' un assemblage d'hommes vivans à peu-près dans l'état de nature. Tous les Païs de l' Europe nous en offrent une image dans la classe des Mendiants. Cette classe fait comme un corps à part dans l' état. Ils vivent sans souci des aumones journalieres qu' ils tirent de la bourse des riches, comme les sauvages vivent des fruits qu' ils abbattent ; à cette difference près qu' ils trouvent dans le fond d' humanité propre à toute societé policée des ressources plus assurées contre la misere, que les sauvages n' ont coûtume d' en trouver dans les productions de la nature. Ils retirent encor cet avantage de la societé que la crainte des chatimens les empeche de se porter à des excés qui pourroient troubler la police générale. A cela près ils ne ressentent que très-peu l' influence des loix. Ils n' ont aucun lien qui les attache à la patrie, ils n'ont ni fond, ni commerce, ni art, ni industrie, ils ne possedent rien, ils n'ont ni rang, ni place dans l'Etat, nul interêt civil, nulle part aux institutions sociales; ils n'aspirent à rien, leurs desirs se bornent à vivre pour boire, pour manger, & ne rien faire. Ces hommes attroupés de la sorte representent assez bien l'état de nature isolés à l'égard du gros des Citoyens, & vivants dans une totale independance les uns à l'égard des autres. Voilà des hommes que les institutions sociales ne depravent point, qui s'élévent d'eux mêmes, & suivent sans retenuë les penchans de la nature. C'est donc dans ces hommes que nous devrions trouver une raison saine, des mœurs pures, une ame vigoureuse, des sentimens nobles & généreux. Mais rien de tout celà. Il passent la plûpart presque toute leur vie dans une grossiere ignorance des devoirs de l'homme & des principes les plus communs de la Religion & de la morale, sans culture, sans aucune de ces connoissances qui honorent & perfectionnent la raison: ils ne songent qu'à surprendre la compassion des gens de bien, employant à cet effet toutes sortes de ruses & de fourberies, & quelque fois les artifices les plus criminels, lorsqu'ils se flattent de n'être pas decouverts. A l'air supliant, au maintien doux & hypocrite qu'ils affectent en demandant l'aumone, ils font bientôt succeder les invectives les plus grossieres, si on la leur refuse. La distribution de quelque piece d'argent occasionne souvent entr' eux des querelles très-vives, où ils exhalent tout ce que le fiel à de plus envenimé. La paresse & l'oisiveté font les delices de leur vie: on pretend qu'ils s'abandonnent en sécret à la crapule & aux debauches les plus honteuſes. Tels ſont les pauvres qui degagés de tout lien ſocial joüiſſent preſque en entier de la liberté naturelle; tels ne ſont point les pauvres qu'on retire dans les Hôpitaux, où l'on a ſoin de les élever dans la crainte de Dieu, dans l'habitude au travail, dans les ſentimens d'une juſte ſubordination. D'où l'on peut conclure que l'independance naturelle n'eſt point ſi favorable que Mr. Rouſſeau le penſe à la perfection de l'homme, dont la nature eſt telle qu'il ne peut faire aucun progrés en quelque genre que ce ſoit ſans le concours de ſes ſemblables, concours qui ſuppoſe la ſocieté, ſocieté qui exige indiſpenſablement un certain ordre, ordre qui ne peut ſubſiſter que par des loix, loix qui ne peuvent être maintenuës que par un gouvernement, qui renferme dans ſon eſſence les idées relatives d'autorité, & de ſubordination.

Encore une reflexion ſur une obſervation de Mr. Rouſſeau (p. 149.), *tous les animaux*, dit-il, *ont exactement les facultés neceſſaires pour ſe conſerver. L'homme ſeul en a de ſuperfluës*. Et il pretend que ce *ſuperflu eſt l'inſtrument de ſa miſere*. Delà il conclut que *ſi l'homme étoit aſſez ſage pour compter ce ſuperflu pour rien, il auroit toujours le neceſſaire. Tout homme*, ajoute-t-il, *qui ne voudroit que vivre, vivroit heureux*.

Si l'obſervation eſt philoſophique, la conſequence ne l'eſt guéres. C'eſt de la nature, ou plûtôt de l'Auteur de la nature, que l'homme tient toutes ſes facultés. S'il en eſt qui ſoient ſuperfluës à ſa conſervation, s'enſuit il qu'elles ſoient ſuperfluës à tous égards; il ſeroit abſurde de le penſer. Les animaux n'ont n'ont que les facultés néceſſaires pour ſe conſerver, parceque la vie animale dont ils joüiſſent, ne ſçauroit avoir d'autre objet. Mais la vie de l'homme doit être raiſonnable & ſociale; l'homme ne vît pas ſeulement pour vivre, il vît pour cultiver ſa raiſon, pour joüir des fruits ineſtimables de la ſageſſe, pour remplir l'immenſité de ſes devoirs à l'égard de Dieu, de lui même, & de ſes ſemblables. Si la nature a donné à l'homme ſeul des facultés ſuperfluës à ſa propre conſervation; c'eſt une preuve bien claire qu'elle n'a pas voulu le borner comme les autres animaux au ſoin de ſa ſeule conſervation. En vain veut-on nous faire compter ce ſuperflu pour rien: l'homme ne parviendra jamais au bonheur en manquant le bût que l'Auteur de la nature a marqué. La ſaine raiſon dira toujours que l'homme ne peut parvenir au bonheur que par le bon uſage, & non par le retranchement chimerique des facultés qu'il a reçuës de la nature.

Trois principes ſur leſquels eſt fondée la pratique d'éducation de M. R.

Aux deux principes de l'Auteur, que nous venons d'expoſer, 1. que les premiers mouvemens de la nature ſont toujours droits, & qu'il n'y a point de perverſité originelle dans le cœur humain: 2. que la dépendance des hommes eſt déſordonnée; il faut ajoûter un troiſiéme, ſçavoir qu'à l'âge de dix, de douze ans, & même au delà, la raiſon n'eſt point encore aſſez développée dans les enfans pour les rendre capables de moralité. Ces trois principes ſont les fondemens de toute la pratique de l'éducation, juſques près de l'âge de quinze ans.

De ces principes Mr. Rouſſeau conclut 1. (p. 187.) „ qu'il ne faut pas ſe mêler d' „ élever un enfant, quand on ne ſçait pas „ le

„ le conduire par les seules loix du possible, „ & de l'impossible .... Ne donnez à vô- „ tre éléve aucune espéce de leçon verbale, „ il n'en doit recevoir que de l'expérience. „ Ne lui infligez aucune espéce de châtiment; „ car il ne sçait ce que c'est qu'être en „ faute, ne lui faites jamais demander par- „ don, car il ne sçauroit vous offenser. „ 2. (p. 161.) il faut que l'enfant dépende, „ & non qu'il obeïsse, il n'est soumis aux „ autres qu'à cause de ses besoins ...... nul „ n'a droit pas même le pere de comman- „ der à l'enfant ce qui ne lui est bon à rien. „ (& p. 164.) Maintenez l'enfant dans la „ seule dépendance des choses ...... n'offrez „ jamais à ses volontés indiscretes que des „ obstacles physiques, ou des punitions qui „ naissent des actions mêmes, & qu'il se „ rappelle dans l'occasion. Sans lui défen- „ dre de mal faire, il suffit de l'en empê- „ cher. L'expérience, & l'impuissance doi- „ vent seules lui tenir lieu de loi. 3. (p. 176.) „ Je reviens à la pratique: j'ai déja dit que „ vôtre enfant ne doit rien obtenir, parce- „ qu'il le demande, mais parcequ'il en a „ besoin, ni rien faire par obeïssance, mais „ seulement par nécessité; ainsi les mots d' „ obeïr & de commander seront proscrits de „ son dictionnaire, encore plus ceux de de- „ voir, & d'obligation; mais ceux de for- „ ce, de nécessité, d'impuissance, & de con- „ trainte y doivent tenir une grande place. „ 4. (p. 175.) La foiblesse du premier âge „ enchaine les enfans de tant de maniéres „ qu'il est barbare d'ajoûter à cet assujettis- „ sement celui de nos caprices, en leur ôtant „ une liberté si bornée de laquelle ils peu- „ vent si peu abuser; (p. 141.) pourquoi

„ vou-

„ voulez-vous ôter à ces petits innocens la „ jouissance d'un tems si court qui leur „ échappe, & d'un bien si précieux dont „ ils ne sçauroient abuser. (p. 176.) Laissons à l'enfance l'exercice de la liberté „ naturelle, qui l'eloigne au moins pour un „ tems des vices, que l'on contracte dans „ l'esclavage.

Combien cette pratique est contraire à l'Ecriture.

Il est inutile d'avertir combien cette pratique est éloignée de celle qui est recommandée dans les Saintes Ecritures. Mr. Rousseau ne veut pas que les enfans obeïssent, mais qu'ils dépendent seulement, parcequ'ils ont besoin de secours: S. Paul veut que les enfans obeïssent parceque cela est juste devant Dieu. Mr. Rousseau défend aux peres de donner aucune instruction verbale à leurs enfans, de leur parler jamais de devoir, ni d'obligation. Moyse, dont Mr. Rousseau admire la legislation, commande aux peres d'instruire leurs enfans dans la loi de Dieu, dès leur plus bas âge. Mr. Rousseau défend aux peres d'infliger aucune espéce de châtiment à leurs enfans: Heli est puni pour n'avoir pas châtié les siens. Mr. Rousseau veut qu'on laisse aux enfans la joüissance entiere de leur liberté naturelle: le Sage recommande de les accoûtumer au joug dès l'enfance. Quand cette pratique n'auroit pas pour garant la parole même de Dieu, l'expérience de tant de siécles suffiroit pour en garantir la solidité.

Ce n'est pas qu'on ne puisse utilement menager des obstacles physiques pour les opposer à propos aux volontés indiscretes des enfans, & leur faire trouver autant qu'on peut la punition de leurs fautes dans les suites naturelles du désordre. Mais l'exclusion abso-

absoluë de toute défense, & de tout châtiment sont des paradoxes insoûtenables. L'approbation, & le blâme sont les suites naturelles des bonnes, & des mauvaises actions dans la societé : il seroit utile de faire en sorte que l'enfant en éprouvat les effets de la part de tous ceux qui l'environnent ; il commenceroit à sentir par sa propre expérience quelles sont les conséquences d'une bonne, & d'une mauvaise réputation ; chose qui n'est pas indifférente, mais c'est un plan qui doit être sagement concerté.

Si jusques près de l'age de quinze ans, les enfans ne sont pas en état de discerner le bien, & le mal moral. Contradiction de M. R.

Mr. Rousseau suppose, que jusques près de l'âge de quinze ans les enfans n'ont pas assez de raison pour discerner le bien d'avec le mal moral. Est-ce Mr. Rousseau qui tient ce langage, lui qui est persuadé que le sentiment du juste, & de l'injuste est inné dans le cœur de l'homme? Rapportons ce qu'il dit sur ce sujet (p. 102.) *Je n'oublierai jamais d'avoir vû un de ces incommodes pleureurs ainsi frappé par sa nourrice : Il se tut sur le champ, je le crus intimidé. Je me disois, ce sera une ame servile dont on n'obtiendra rien que par la rigueur. Je me trompois, le malheureux suffoquoit de colere, il avoit perdu la respiration : je le vis devenir violet. Un moment après vinrent les cris aigus; tous les signes du ressentiment, de la fureur, du désespoir de cet âge, étoient dans ses accens, je craignis qu'il n'expirât dans cette agitation. Quand j'aurois douté que le sentiment du juste, & de l'injuste fut inné dans le cœur de l'homme, cet exemple seul m'auroit convaincu ; je suis sûr, qu'un tison ardent tombé par hazard sur la main de cet enfant, lui eût été moins sensible que ce coup assez léger, mais donné dans l'intention manifeste de l'offenser.* Quoi! Un enfant à la mamelle est capable de discerner dans un coup assez léger l'intention qu'on a euë de l'offenser : le sentiment de cette offense le blesse plus vivement, que n'auroit pû le faire un tison ardent; & on nous dira qu'un enfant de dix ans, de douze ans, & même près de quinze ans, est encore incapable de distinguer les actions par leur moralité !

La conduite des enfans prouve le contraire.

Laissons les enfans à la mamelle, prenons-les dès l'âge de sept à huit ans, examinons leur conduite, & voyons s'il n'y paroît aucun discernement du bien, & du mal moral. Survient-il une querelle entre deux enfans ? Vous n'avez qu'à interroger ceux qui en auront été témoins, ils vous sçauront dire celui qui a tort, & celui qui a *raison*. Le plus severe examen ne servira qu'à vous convaincre de plus en plus de l'équité de leur jugement.

Les enfans connoissent fort-bien quand on récompense, ou qu'on punit avec raison, ou à tort; ils ne se méprennent guéres sur cet article. Or distinguer les actions entant que méritoires de recompense, ou de punition, c'est discerner le bien, & le mal moral.

Horace le Poëte de la raison ne craint pas de rappeller les hommes faits à la rectitude, que les enfans font paroître jusque dans leurs jeux. *At pueri ludentes, Rex eris, ajunt, si recte facies*; Oui: les enfans dans leur jeux déferent la Royauté à celui qui fait mieux. Ils sentent que la préférence doit être accordée au mérite, est-ce là être depourvû de toute idée de moralité ?

Les enfans discernent le mal qui se fait par inadvertance d'avec celui qui se fait à des-

dessein : ils excusent l'un, & ne pardonnent pas l'autre, ils réconnoissent donc que c'est se rendre coupable que de faire le mal dans l'intention de le faire.

Qu'un enfant veüille s'approprier le livre, ou le joüet d'un de ses camarades, tous les autres lui donneront tort. Ils ont déja ce sentiment d'équité; qu'il est juste que chacun joüisse de ce qui lui appartient, ou qui a été destiné pour son usage. Toutes ces idées de moralité sont à la portée des enfans de sept à huit ans, & leur conduite en fournit continuellement des preuves, & des exemples.

La raison, selon M.R. inutile aux enfans, parce qu'elle est le frein de la force.

„ J'aimerois autant, dit Mr. Rousseau, „ exiger qu'un enfant eût cinq pieds de haut, „ que du jugement à dix ans, en effet à „ quoi lui serviroit la raison à cet âge? „ Elle est le frein de la force, & l'enfant „ n'a pas besoin de ce frein.

Réponse.

Il seroit absurde d'exiger qu'un enfant de dix ans eût cinq pieds de haut; il seroit également absurde de vouloir qu'il eût à cet âge le jugement aussi mur qu'un homme de trente ans. Le jugement est une faculté qui se développe, & se forme peu à peu; on la voit éclorre cette faculté dans les enfans dès l'âge de sept à huit ans: à dix ans elle a déja fait des progrés sensibles. *La raison*, dit Mr. Rousseau, *est le frein de la force*, je dirois plûtôt qu'elle doit être le frein des mouvemens intérieurs qui portent à user de la force. Un enfant de dix ans a un vif sentiment de ses forces naissantes, sentiment actif, & vigoureux qui le porte à agir, & à se débattre continuellement, à saisir les objets qui sont à sa portée, à les tourner, & à les façonner de toute maniere. C'est

ainsi

ainsi que par une sécrete impulsion de la nature le jeune taureau sécouë sa tête altiére, & frappe des coups impuissans en essayant les armes qu'il n'a point encore. Cette force naissante est assujettie dans les animaux à un instinct sûr, & immuable qui les guide ; mais dans l'homme elle n'a d'autre régle prochaine que la raison, & pourquoi donc la raison seroit-elle entiérement inutile à un enfant de dix ans ? Ce penchant intérieur qui le remuë, & qui l'agite, qui le tient toujours en haleine n'a-t-il besoin d'aucun frein? Il est vrai qu'à cet âge la raison est trop foible pour se suffire à elle même : il faut donc l'aider, & la fortifier par des préceptes, par des exemples, par des exercices convenables : *nous naissons stupides, nous avons bésoin de jugement : c'est l'éducation qui nous le donne.*

Comment on peut donner l'idée de Dieu aux enfans.

Le moyen le plus propre, le plus efficace qu'on puisse employer pour conduire les enfans au bien, & les éloigner du mal, c'est la crainte de Dieu. Que Mr. Rousseau ne dise pas que l'idée de Dieu est trop sublime pour des enfans, il ne s'agit pas des spéculations dans lesquelles Simonide s'embarassoit, lors qu'ayant demandé à Hiéron un jour de tems pour lui expliquer ce que c'étoit que Dieu, il en demanda deux le jour suivant, puis quatre, & finit par dire que plus il pensoit à la question qu'Hiéron lui avoit proposée, plus il la trouvoit obscure & difficile. Un enfant sçait qu'une maison, une statuë, un tableau, un meuble ne se sont point faits d'eux mêmes, il le sçait, & quoique ce soit qu'on lui fasse voir, s'il y remarque du dessein, & de la régularité, il ne manquera pas de demander : qui est-ce

qui

qui a fait cela? Voilà une disposition naturelle à tous les enfans, & cette disposition peut ouvrir naturellement leur esprit à la connoissance de Dieu. Qu'on leur dise que le Monde, qui étale un si magnifique spectacle à leurs yeux, ne s'est pas fait de lui même; on ne leur dit, pour ainsi dire, rien de nouveau: ils sçavent déja qu'une maison n'auroit pû se faire d'elle même. Mais qui est-ce qui a fait le Monde? C'est Dieu, réprendra-t-on. Et on leur expliquera en même tems que Dieu qui a fait le Monde n'a pas un corps comme les hommes: qu'on ne peut le voir des yeux: qu'il sçait tout, qu'il peut faire tout ce qu'il veut: qu'il est bon, qu'il a crée les hommes pour les rendre heureux; qu'il est juste, qu'il récompense les bons, & qu'il punit les méchans. Ces verités sont sublimes, sans doute, & on ne peut trop s'étonner de voir qu'elles ne laissent pas que d'être à la portée des plus simples: c'est qu'elles étoient nécessaires à la perfection, & au bonheur de l'homme. Voilà pourquoi elles se trouvent si conformes aux premiéres notions réflechies qui se développent dans l'esprit des enfans, & qu'elles s'y attachent par une sorte d'homogéneïté.

Un enfant qu'on aura eu soin d'instruire de la sorte, ne sera, quoiqu'en dise Mr. Rousseau, ni Idolâtre, ni Antropomorphite. La plus grande difficulté est de lui faire sentir que Dieu n'est pas corporel. Voici une méthode dont j'ai fait l'essai à l'égard de quelques enfans, & avec succés. L'enfant demande:

„ Dieu n' a point de corps ? Mais comment „ peut-il y avoir quelque chofe qui n' ait „ point de corps ?

Le Maître.

„ Faites attention à tous les corps qui „ tombent fous vos yeux ; n' eft-il pas vrai „ qu'ils ont tous quelque longueur & quel- „ que largeur ?

L' Enfant.

„ Cela eft vrai.

Le Maître.

„ Ne voyez vous pas qu' ils ont auffi une „ forte de figure ronde, quarrée, &c.

L' Enfant.

„ Je le vois.

Le Maître.

„ Ne fentez-vous pas qu' ils réfiftent à „ vôtre main, quand vous les touchez, & „ que vous voulez les remuer ?

L' Enfant.

„ Je le fens.

Le Maître.

„ Vous voulez fçavoir comment Dieu n' „ eft pas corporel ?

L' Enfant.

„ Oui.

Le Maître.

„ Avez-vous réellement la volonté & le „ défir de le fçavoir ?

L' Enfant.

„ Oui.

Le Maître.

„ Affurez moi que vous avez ce defir & „ cette volonté, je doute encore que vous „ l' ayez.

L' Enfant.

„ Je vous en affure, croyez que je l' ai.

Le

Le Maître.

„ Vous le sentez donc ce désir, cette volon-(té?

L' Enfant.

„ Je le sens.

Le Maître.

„ Vivement?

L' Enfant.

„ Vivement.

Le Maître.

„ Eh bien ce désir que vous sentez si vi-
„ vement, est-ce rien, ou est-ce quelque
„ chose?

L' Enfant.

„ C' est quelque chose.

Le Maître.

„ Oh moi je vous dis que ce n'est rien.

L' Enfant.

„ Rien? Oh si c'étoit rien, je ne le sen-
„ tirois pas.

Le Maître.

„ Ce désir que vous sentez, c' est donc
„ quelque chose.

L' Enfant.

„ Oui, sans doute.

Le Maître.

„ Dite-moi donc, ce désir est-il bien
„ aussi long & aussi large que cette table?

L' Enfant.

„ Oh bon! il n' est ni long ni large.

Le Maître.

„ Est-il rond ou quarré?

L' Enfant.

„ Oh bon!

Le Maître.

„ Est-il jaune ou verd, pesant comme du
„ plomb, ou leger comme une plume?

L' Enfant.

„ Rien de tout cela.

Le Maître.

„ Ce n'est donc rien.

L'Enfant.

„ Pardonnez moi, c'est bien quelque „ chose.

Le Maître.

„ C'est donc quelque chose qui n'est ni „ long, ni large, ni jaune, ni verd, ni „ rond, ni quarré.

L'Enfant.

„ Justement.

Le Maître.

„ Vôtre desir n'est donc pas un corps „ comme vos mains, vos cheveux, ce mi- „ roir, cette table, cette fontaine, ou com- „ me l'air qui se fait sentir au toucher quand „ on l'agite.

L'Enfant.

„ Cela est vrai.

Le Maître.

„ Vous concevez donc qu'il y a des cho- „ ses qu'on ne peut ni voir, ni toucher, „ & qui sont pourtant quelque chose.

M. R. veut que les enfans dépendent, & non qu'ils obeïssent.

Mr. Rousseau borne la dépendance des enfans au besoin qu'ils ont de leur pere, & en exclut tout sentiment d'obeïssance. C'est ce que nous avons déja vû; il ajoûte (p. 184.) „ Ne lui commandez jamais rien, quoique „ ce soit au Monde, absolument rien: ne „ lui laissez pas même imaginer que vous „ prétendiez avoir aucune autorité sur lui. „ Qu'il sache seulement qu'il est foible, „ & que vous étes fort, que par son état, „ & le vôtre il est necessairement à vôtre „ merci; qu'il le sache, qu'il l'apprenne, „ qu'il le sente, qu'il sente de bonne heure „ sur sa tête altiere le dur joug que la na- „ ture impose à l'homme, le pesant joug

„ de

„ de la néceſſité ſous lequel il faut que tout „ être fini ploïe : qu'il voïe cette néceſſité „ dans les choſes, jamais dans le caprice „ des hommes : que le frein qui le retient „ ſoit la force, & non l'autorité.

Combien cette maxime eſt dangéreuſe.

Il eſt bien étrange qu'on veüille apprendre à des enfans à ne dépendre de leur pere, ou de ceux qui en tiennent la place auprès d'eux, que par l'inévitable néceſſité de ſe ſoûmettre à une force ſupérieure, à laquelle ils ne peuvent réſiſter. On veut que l'enfant ſçache qu'il eſt à la merci du plus fort, & qu'il apprenne à dépendre : que cette dépendance lui faſſe ſentir le peſant joug de la néceſſité, que la nature impoſe à l'homme, & l'acoûtume à le porter. Il me paroît qu'une telle dépendance eſt bien triſte, & qu'elle ne reſſemble pas mal à celle de l'eſclave vis-à-vis du deſpote, qui peut l'écraſer à chaque inſtant. Si tout être fini ploïe malgré qu'il en ait ſous le joug de l'imperieuſe néceſſité, cela n'empêche pas que le cœur ne s'éléve ſouvent, & ne murmure ſous le fardeau qui l'accable. Telle ne doit point être la ſoumiſſion d'un fils à l'égard de ſon pere, ce n'eſt point à cette école qu'il doit apprendre à ſupporter l'inévitable joug de la néceſſité. Toute dépendance uniquement fondée ſur la ſuperiorité d'une force irréſiſtible ne fera qu'inſpirer de ſentimens de crainte, d'averſion, de déſir de s'en affranchir. Un enfant élevé dans de tels principes ne ſouffrira qu'avec horreur toute autorité humaine de quelque nature qu'elle puiſſe être. Il en portera le joug, tant qu'il ne pourra le ſécouër; mais ſon cœur frémira de cette dure néceſſité, & le portera à chercher tous les moyens de s'en délivrer. Je demande ſi avec de telles diſpoſitions cet enfant pourra dévenir bon Citoyen, en quelque endroit du Monde qu'on le place. Je ſçais que, ſuivant les principes de Mr. Rouſſeau, toute autorité humaine doit être abolie. Et c'eſt peut être l'idée la plus originale, & la plus neuve qui ait été produite depuis bien des ſiécles. Les découvertes de Newton, toutes admirables qu'elles ſont, tenoient pourtant à des théories plus anciennes qui en contenoient le germe. L'abolition de toute autorité humaine en commençant par celle des peres ſur leurs enfans eſt une idée que Mr. Rouſſeau ne doit à perſonne. Mais en attendant que cette grande révolution s'opére par le partage de toute l'Europe en trois ou quatre cent mille Cités, où la liberté naturelle ſera ſi bien maintenuë, qu'en mettant un homme en priſon, on ne fera autre choſe que *le forcer d'être libre*, il ſemble qu'on riſqueroit beaucoup à élever les enfans dans des principes ſi peu convenables au gouvernement de toutes les Monarchies, & de toutes les Républiques qui ont exiſté juſqu'à ce jour, & qui probablement exiſteront encore long tems.

Comment on peut faire ſentir aux enfans qu'ils doivent obeir.

Conſultons la nature, voyons ſi elle n'a pas ménagé des liens plus doux pour affermir la dépendance où doit être un enfant à l'égard de ceux qui lui ont donné la vie, Mr. Rouſſeau nous mettra lui même ſur les voyes.

Les enfans ſont ſuſceptibles d'une affection naturelle envers leurs peres, & leurs meres. *L'enfant*, dit nôtre Auteur, *doit aimer ſa mere avant de ſçavoir qu'il le doit. Si par malheur cette affection vient à s'éteindre, le cœur meurt, pour ainſi dire, avant que de naître, & nous voilà dès les premiers pas hors de*

la

la nature. Un enfant rudoyé par ſa mere ne ſe livre point au premier venu, qui cherche à l'attirer par ſes careſſes; il retourne à ſa mere, tâche de la flechir par ſes embraſſemens, & ne trouve de repos que dans ſon ſein. Les enfans ſont ſuſceptibles d'un pareil ſentiment d'affection à l'égard de leurs peres.

Les enfans n'ont point de peine à concevoir qu'ils appartiennent à ceux qui leur ont donné le jour; ils ſe regardent eux mêmes comme les maîtres des boules qu'ils ont façonnées de leur main; cet empire qu'ils s'attribuent ſur ce qui leur appartient, les diſpoſe à reconnoître un pouvoir analogue ſur eux dans ceux à qui ils appartiennent.

Les enfans ſçavent que leurs peres & leurs meres les aiment, & qu'ils ne font uſage de leur autorité ſur eux, que pour leur propre bien. Ils ſentent qu'ils ſont hors d'état de ſe procurer les choſes qui leur ſont les plus néceſſaires; que le pere, & la mere ſe chargent volontiers de ce ſoin, & qu'ils connoiſſent mieux qu'eux ce qui leur convient.

Toutes ces idées ſe trouvent communément dans les enfans de dix ans. Ils ſont-donc capables de reconnoître dans leur pere, & mere: 1. un pouvoir fondé ſur la ſuperiorité de la force; mais c'eſt peut être celui au quel ils ſongent le moins. 2. Une puiſſance fondée ſur ce qu'ils leur ont donné la vie, & qu'ils ſont chargés de les conduire, puiſſance qu'ils approuvent, & qu'ils regardent comme bien différente de celle d'un brigant, qui enleveroit un enfant, & l'entraîneroit dans ſa caverne. Ils ne ſçauront pas s'expliquer ſur ce ſujet dans les termes de l'art; mais qu'on les interroge, on verra par leurs réponses qu'ils sentent fort-bien qu'un brigant a tort de prendre des enfans qui ne sont pas à lui, & que le pere a raison de commander à ceux qui lui appartiennent. 3. Un pouvoir accompagné de la connoissance de ce qui leur est plus avantageux, & qui exige de leur part une subordination qui tourne à leur propre profit. 4. Un pouvoir temperé par l'amour, & qui exige de leur part un retour d'affection, & de réconnoissance. Or la dépendance fondée sur les motifs que nous venons de détailler n'est autre que l'obeïssance, & la soûmission filiale.

Qu'on joigne à ces motifs celui de la crainte de Dieu, motif capable d'agir puissamment sur les enfans pour les tourner au bien. Qu'on leur dise que Dieu récompense les enfans qui obeïssent, & punit les désobeïssans, leur ame toute neuve encore s'ouvrira comme d'elle même à l'impression de ces maximes salutaires. Leur raison naissante ne trouve rien à y opposer. La dépravation ne les a point encore armés contre la force de la verité. Ils ne sçavent pas que c'est un privilége des êtres pensans de ne rien croire de ce que le vulgaire croit. Il seroit donc difficile de trouver des enfans dont le cœur fut inaccessible à ces beaux sentimens que l'Esprit Saint à mis dans la bouche du Sage pour leur instruction. *Honorez vôtre pere de tout vôtre cœur, & n'oubliez point les douleurs de vôtre mere. Souvenez vous que vous ne seriez point né sans eux, & faites tout pour eux, comme ils ont tout fait pour vous. Ecoutez enfans les avis de vôtre pere, & suivez-les, afin que vous soyez sauvé. Car Dieu a rendu le pere vénérable aux enfans, & il a affermi sur eux l'autorité de la mere. Celui qui craint le Sei-*

Seigneur honorera son pere, & sa mere, & il servira comme ses maîtres ceux qui lui ont donné la vie. Honorez vôtre pere par actions, par paroles, par une patience sans bornes, afin qu'il vous benisse, & que sa bénédiction démeure sur vous jusqu' à la fin. Mon fils soulagez vôtre pere dans sa vieillesse, & ne l'attristez point durant sa vie. Combien est infame celui qui abandonne son pere, & combien est maudit de Dieu celui qui aigrit l' esprit de sa mere.

Cette Philosophie n' est pas celle de Mr. Rousseau. Mais on avoüera du moins qu'elle est bien propre à maintenir la paix, l' ordre, l' harmonie dans les familles, à former des hommes, qui d' enfans dociles dévienment des Citoyens vertueux, & à concourir par là au bonheur du genre humain.

Principe pernicieux de Mr. R. touchant le droit des peres à l' égard de leurs enfans.

En pourroit-on dire autant de ce principe de Mr. Rousseau: *Que nul, pas même le pere, n' a droit de commander à un enfant ce qui ne lui est bon à rien?* L' Auteur de la nature a chargé les peres d' élever leurs enfans, & en les chargeant de ce soin il les a revétus de l' autorité necessaire pour en remplir les fonctions. Mais Dieu, en imposant un tel devoir aux peres à l' égard de leurs enfans, n' en a-t-il point imposé aux enfans à l'égard de leurs peres? S' il est juste que le pere travaille pour l' enfant, n' est-il pas juste aussi que l' enfant travaille pour le pere? Pourquoi-donc le pere n' auroit-il pas droit de commander à son fils des choses qui ne seront d' aucune utilité au fils, mais qui seront utiles au pere?

L' abus que l' on fait d' un droit n' emporte pas toujours la privation de ce droit. Un homme fait mal à dissiper son bien au jeu. Dira-t-on pour cela qu' il n' ait pas droit

droit d'user de son bien? Un pere ne doit pas commander des choses absolument inutiles. Mais tandis qu'il se borne à l'administration de sa famille, le fils est obligé d'obeïr, dès qu'il peut obeïr sans peché.

Enfin on ne sçauroit trop répéter qu'une telle doctrine n'est guère propre à entretenir la paix dans les familles. Faites apprendre cette leçon à un enfant, il s'érigera en juge né de tous les commandemens de son pere, il voudra sçavoir si ce qu'on lui commande peut lui être bon à quelque chose; s'il lui prend fantaisie de trouver que ce qu'on lui commande ne lui est bon à rien, il décidera sur la foi de Mr. Rousseau, que son pere n'avoit nul droit de le lui commander; & alors ou il désobeïra, ou il n'obeïra que malgré lui, avec murmure, & en fremissant contre l'autorité du pere. Une leçon si dangereuse dans ses conséquences pourroit-elle être véritable dans son principe? Des peres, & des meres vivans dans cette douce union de famille, que Mr. Rousseau recommande avec tant de raison, & qu'il peint avec de couleurs si charmantes, & si vraies (p. 32. 33.) seroient, je crois, très-fâchés qu'on apprît à leurs enfans, que le pere n'a nul droit de commander à son fils, ce qui ne lui est bon à rien.

Maxime analogue à la précédente tirée du Contract social.

C'est en conséquence du même principe que l'Auteur établit dans son livre du contract social cette maxime qui paroît avoir besoin de quelque correctif: *Les enfans ne restent liés au pere, qu'aussi long tems qu'ils ont besoin de lui pour se conserver* (on verra qu'il devoit ajoûter, & pour se conduire) *si tôt que ce besoin cesse, le lien naturel se dissout.*

Un

Un Docteur très-respecté dans les Ecoles Catholiques, estimé de Grotius, & de Leibnits, méprisé des beaux esprits, qui ne le connoîssent que de nom, envisage cette matiére sous un point de vuë different, mais plus conforme aux fins de la nature, c' est à dire aux desseins de la Providence. C'est où il traite de la stabilité du lien conjugal. Je n' en rapporterai que ce qui fait à mon sujet. Il observe d'abord que dans les espéces où la femelle seule suffit pour nourrir ses petits, comme dans les quadrupédes que la nature à fourni de lait, le mâle ne démeure point avec la femelle, mais la quitte aussitôt. Dans les espéces au contraire où le concours du mâle est nécessaire pour élever les petits, le mâle ne se sépare point de la femelle, jusqu' à ce que leurs nourrissons soient en état de se passer de leurs soins, c' est ce que l' on voit dans les oiseaux que la nature n' a pas fourni d' un reservoir de lait pour la nourriture de leurs petits. Le pere & la mere vont tour à tour chercher de quoi les nourrir, tandis que l' un des deux reste toujours dans le nid pour les défendre, & les garentir du froid. Or dans l' espéce humaine l' éducation des enfans exige plus que dans toute autre le concours du pere, & de la mere. Car les enfans n' ont pas seulement besoin de nourriture quant au corps, mais d' instruction quant à l' esprit. Il est même à remarquer, que les autres animaux reçoivent de la nature un instinct, un genre d' art, & d' industrie, qui les guide promptement, & invariablement dans la poursuite de ce qui leur est nécessaire pour se conserver, & se défendre. L'homme seul n' a point reçu d' instinct pareil, parceque c' est la raison qui

doit

doit lui servir de régle dans sa conduite. Or la raison ne peut le guider convenablement, si elle n' est elle même éclairée par la prudence. C' est pourquoi il faut que les enfans démeurent très-long tems sous la direction de leur pere & mere, qui étant instruits par l' experience, sont à même de leur faire part des lumiéres qu' ils ont acquises, pour leur former le jugement, & leur apprendre à mésure que l' occasion s' en présente, comment ils doivent se conduire dans la vie. Cette éducation est surtout nécessaire à l' âge, où le corps est déja fortifié, & où les passions commencent à prendre leur essor. La raison étant encore foible à cet âge, & les passions violentes, c' est le tems où les jeunes gens ont plus besoin de frein, & de correction; & ce soin regarde plus particulierement le pere, qui a plus de maturité pour instruire, & plus de force pour reprimer.

Utilité du respect des enfans à l' égard de leurs peres, & des vieillards.

Il faut que ces idées soient assez conformes à la nature & à la saine raison, puisqu' on voit que les états les mieux policés ont conservé leurs mœurs, & par conséquent leurs loix, & leurs forces, tant que l' autorité des peres, & le respect pour les vieillards, qui en est une suite, s' y sont maintenus. Il n' est pas nécessaire d' exposer les maux que la liberté prématurée des jeunes gens est capable de causer.

Locke attaqué par l' Auteur sur sa maxime de raisonner avec les enfans.

Revenons à la pratique d' éducation de Mr. Rousseau. „ Raisonner avec les enfans, dit-il
„ (p. 178.) étoit la grande maxime de Lo-
„ cke. C' est la plus en vogue aujourd'hui,
„ son succés ne me paroît pas pourtant fort
„ propre à la mettre en crédit; & pour moi
„ je ne vois rien de plus sot que ces enfans
„ avec qui on a tant raisonné .... le chef-

„ d'œu-

„ d'œuvre d'une bonne éducation est de faire un homme raisonnable, & l'on prétend élever un enfant par la raison! C'est commencer par la fin, c'est vouloir faire l'instrument de l'ouvrage: si les enfans entendoient raison, ils n'auroient pas besoin d'être élevés.

Défense de la maxime de Lock.

La maxime de Locke n'est pas tant mauvaise. Si le succés n'y répond pas toujours, c'est qu'il est peu d'hommes (j'entens de ceux que l'on charge de l'éducation des enfans) qui soient capables de raisonner avec eux comme il faut. Il ne s'agit pas de disserter avec les enfans, il faut les conduire par la main, je m'explique. En suivant les enfans dans leurs discours, & dans leurs actions, il est aisé de s'appercevoir qu'ils commencent à exercer la faculté de combiner leurs idées, de comparer les objets qu'ils ont sous leur main, & de les arranger conformement à leurs vuës. Tel est le premier essor de la raison, qui n'est autre que la faculté d'arranger, *facultas ordinatrix*. S'il arrive qu'ils manquent de justesse dans leurs combinaisons, ce defaut vient ordinairement de ce qu'ils ne font pas attention à quelque idée moyenne que la précipitation leur fait perdre de vuë, quoique souvent ce ne soit qu'une idée très-simple, & très-fort à leur portée. C'est le tems de leur suggérer cette idée, & l'on verra qu'ils redresseront d'eux mêmes leur raisonnement. Voilà, ce me semble, comment on peut apprendre à raisonner aux enfans en raisonnant avec eux. Un enfant barboüille du papier, dessine un homme & une maison. L'homme est-il aussi grand que la maison? Quoi de plus aisé que de lui faire appercevoir ce défaut de pro-

Comment il faut raisonner avec les enfans.

proportion, & lui apprendre à envisager les objets dans leur juste rapport pour les placer convenablement ?

L'observation d'Horace que les enfans déferent la Royauté à celui qui fait mieux, prouve, ainsi que nous l'avons déja fait remarquer, que les enfans sont susceptibles des idées de moralité, qu'ils connoissent ce que c'est que mérite, & préference, récompense, & punition, par conséquent bien & mal moral, devoir, autorité, obeïssance. Je ne dis pas qu'on doive leur expliquer ces choses par des définitions abstraites, par des divisions, & des sousdivisions méthodiques. Mais je dis qu'on doit s'attacher à leur rendre ces notions sensibles, en les leur faisant reconnoitre dans les actions individuelles, qui en portent le caractere, & qui les affectent vivement. Un enfant vient se plaindre au Maître d'un tort que lui a fait un de ses camarades, il souhaite que le tort soit réparé, & le camarade châtié. C'est une circonstance pratique très-propre à lui faire sentir par sa propre experience la necessité d'une autorité superieure, qui tienne tout en ordre, qui empêche les méchans de nuire aux bons, & à laquelle par conséquent il importe à tous d'être soûmis. Mille cas semblables fourniront d'autres occasions non moins favorables de développer d'autres idées de moralité, & de faire sentir aux enfans, dans les circonstances de leur vie, les motifs qui doivent les attacher à la vertu, & les éloigner du vice.

Voici par exemple un essai de quelques idées morales, qu'on peut insinuer aux enfans dans les cas pratiques, & qui n'étant point au dessus de leur portée peuvent four-

nir

nir le sujet, & l'occasion de raisonner avec eux. Je prens le mot d'idées dans le sens de M. Rousseau pour de notions déterminées par des rapports. Ceux qui trouveront ce détail trop minutieux doivent songer qu'il s'agit ici de parler le langage des enfans. 1. *Si vous aimez vôtre chere mere, il ne faut pas lui donner du chagrin*. Cette notion est bien simple, c'est pourtant un raisonnement, une idée déterminée par un rapport, un moyen propre à faire concevoir à un enfant la liaison qu'il y a entre les sentimens de l'ame, & les actions qui leur répondent. 2. *Quand vous souffrez, vous étes bien aise, qu'on vous soulage: vous devez aussi soulager les autres*. Voilà le germe d'une compassion active, qualité qui feroit le bonheur du genre humain, si elle regnoit dans tous les cœurs. 3. *Voyez cet homme couvert de haillons! Croyez-vous valoir mieux que lui, parceque vous étes mieux vêtu que lui? Ne sçavez-vous pas que tous les hommes sont freres, & que ce pauvre est plus grand aux yeux de Dieu que vous, s'il est plus sage que vous*. En quelque rang qu'un enfant soit né, on ne sçauroit lui rappeller trop souvent qu'il est homme. Est-il né dans la misere? Apprenez-lui qu'il est homme, de peur que son ame ne s'avilisse. Est-il né dans la grandeur? Apprenez-lui encor qu'il est homme de peur que son ame ne s'enfle par la vanité, faites-lui sentir, qu'il ne doit s'estimer que par la qualité d'homme, qu'il n'y a pas d'esprit plus bas que celui qui fait plus de cas des titres que de la nature. 4. *Si on mettoit une belle housse sur un ane, cet ane seroit-il plus qu'un ane? Il en est de même d'un enfant richement vetu; s'il n'est pas sage, son habit ne le rend pas plus esti-*

estimable. Maxime relative à la précedente. 5. *Pretendez-vous en sçavoir plus que les autres, vous qui ne faites que de naître?* Ne laissez pas prendre le ton décisif aux enfans, mais pour cela cherchez les occasions de les convaincre, qu'ils ne sont pas en état de décider. C'est la presomption, plus encor que le ton, qu'il faut corriger. 5. *Sied-il bien à un garçon de dix ans de pleurer pour un peu de mal, comme un enfant de quatre ans: voyez si les hommes pleurent pour si peu de chose?* Apprenez-lui à surmonter le sentiment de la peine par le sentiment de l'honneur. 7. *N'est-ce pas une honte de se jetter avec avidité sur les viandes, & de manger avec autant de voracité, que les animaux?* Il ne faut pas négliger les comparaisons qui peuvent imprimer une haute idée de la dignité de l'homme. C'est un reméde qui vaut également contre l'abattement, & contre l'enflure. C'est la source de ce que les Anciens appelloient *Decorum*, je dirois de la decence si elle n'étoit presque réduite à un vain extérieur. 8. *Si vous voulez que vos camarades vous aiment, il faut avoir de la complaisance pour eux*. 9. *Voyez le tel qui est hargneux & querelleur combien il est haï de tout le Monde*. 10. *Qu'avez vous gagné par vôtre impatience, vous n'avez fait qu'aigrir vôtre mal? Apprenez que la patience adoucit les maux*. 11. *N'avez-vous pas honte de ne vouloir rien faire? Voyez le tel, & le tel, ils sont estimés, parcequ'ils s'occupent. Un fainéant est méprisé de tout le Monde*. 12. *Les laboureurs, & les artisans sont obligés de travailler pour gagner leur pain. Croyez-vous que Dieu ait fait les riches pour vivre dans l'oisiveté? Le riche, & le pauvre sont égaux devant Dieu; il veut que chacun*

travaille

travaille convenablement à ſon état. Voilà, je crois des idées de morale qui ne ſont pas ſuperieures à la capacité des enfans, & qu'on peut employer avec ſuccés dans les cas particuliers pour leur inſpirer l'amour de la vertu, & les éloigner du vice.

Sophiſme de M. Rouſſeau.

Mais, dit Mr. Rouſſeau: *le chef d'œuvre d'une bonne éducation eſt de faire un homme raiſonable: & l'on prétend élever un enfant par la raiſon. C'eſt commencer par la fin &c.*

Point du tout. L'état de la raiſon par où commence l'éducation, n'eſt pas l'état de la raiſon par où elle finit. La raiſon eſt une faculté ſuſceptible de développement, & de progrés. Quand elle commence à éclorre (à quelque âge qu'on veüille fixer ce commencement) elle eſt extrêmement foible, ſoit parceque l'eſprit manque d'idées qui ſont, pour ainſi dire, les matériaux de la raiſon; ſoit parcequ'il n'eſt pas encore exercé à les combiner, à en reconnoître les rapports, & à en déduire d'autres rapports. Dans cet état d'imperfection la raiſon a beſoin d'être aidée, & d'être ſoûtenuë pour s'élever par dégrés, & parvenir plûtôt & plus ſûrement à cet état de conſiſtence, & de maturité, qui eſt le chef d'œuvre de l'éducation. Il n'y a là ni contradiction, ni miſtére. Le chef d'œuvre des leçons d'un Maître Ecrivain eſt d'apprendre à bien écrire, & c'eſt pour cela qu'il commence par faire tracer des caractéres à ſon éléve. Dira-t-on que c'eſt commencer par la fin? Point du tout. Un enfant a naturellement l'aptitude de former des lettres, mais ſes premiers eſſais ſont informes, & groſſiers; & ce n'eſt que ſous la direction d'un habile maître qu'il apprend enfin à les tracer comme il faut d'une main fure, & legére ; que diroit-on d'un homme qui viendroit désapprouver cette méthode, & prétendroit prouver, que c'eft commencer par la fin, en difant gravement : *Le chef d'œuvre des leçons d'un Maître Ecrivain eft d'apprendre à écrire, & l'on veut commencer par faire écrire? Rifum teneatis amici.*

„ En leur parlant dès leur bas âge une „ langue qu'ils n'entendent point, on les „ acoûtume à fe payer de mots, à con„ trôler tout ce qu'on leur dit, à fe croire „ auffi fages que leurs maîtres, à devenir „ difputeurs, & mutins.

Tel ne feroit point un enfant avec qui Locke auroit raifonné. Ces inconveniens naîffent non de la méthode que Mr. Rouffeau défapprouve, mais de l'abus qu'en font des maîtres mal habiles, qui veulent briller au moyen, & aux dépens de leurs éléves. Raifonner avec un enfant ce n'eft pas le faire jafer. Rien n'eft effectivement plus pernicieux que de vouloir que les enfans paroiffent ce qu'ils ne font pas, & ce qu'ils ne peuvent être.

Modele de Dialogue propofé par M.R. pour prouver l'inutilité de raifonner avec les enfans.

„ Voici la formule à laquelle peuvent fe ré„ duire à peu près toutes les leçons de morale „ qu'on fait, & qu'on peut faire aux enfans.

Le Maître.

„ Il ne faut pas faire cela.

L'Enfant.

„ Et pourquoi ne faut-il pas faire cela ?

Le Maître.

„ Parceque c'eft mal fait.

L'Enfant.

„ Mal fait ? Qu'eft ce qui eft mal fait ?

Le Maître.

„ Ce qu'on vous défend.

L'En-

L' Enfant.

„ Quel mal y a-t-il à faire ce qu' on me „ défend ?

Le Maître.

„ On vous punit pour avoir désobeï.

L' Enfant.

„ Je ferai en sorte qu' on n' en sache rien.

Le Maître.

„ On vous épiéra.

L' Enfant.

„ Je me cacherai.

Le Maître.

„ On vous questionnera.

L' Enfant.

„ Je mentirai.

Le Maître.

„ Il ne faut pas mentir.

L' Enfant.

„ Pour quoi ne faut-il pas mentir?

Le Maître.

„ Parceque c' est mal fait &c.

„ Voilà le cercle inévitable. Sortez en; „ l' enfant ne vous entend plus. Ne sont-ce „ pas là des instructions fort-utiles? Je serois „ bien curieux de sçavoir ce qu' on pourroit „ mettre à la place de ce dialogue? Locke „ lui même y eut, à coup sûr, été fort „ embarassé. Connoître le bien, & le mal, „ sentir la raison des devoirs de l' homme, „ n' est pas l' affaire d' un enfant (p. 181.) notez qu' il s' agit en cet endroit d' un enfant de dix ans.

Je crois que sans être Locke on peut hazarder de faire quelques réflexions sur ce modele de dialogue, & trouver quelque chose à y substituer. *Reponse.*

Le Maître.

„ Il ne faut pas faire cela.

Defaut essentiel du Dialogue de Mr. R.

Je remarque d'abord que cette premiére question est trop générale pour servir de fondement à un modele de dialogue entre un Maître, & un enfant. Nous avons vû qu'on ne doit pas raisonner avec les enfans sur des idées abstraites, & générales de bien, & de mal; il faut le leur faire envisager dans les actions particulieres, & raisonner avec eux sur ces actions mêmes. Ainsi pour donner un modele de dialogue entre un Maître, & un enfant, il falloit supposer une action déterminée, qui y donna lieu, afin de pouvoir faire une application particuliére de la notion du bien, & du mal, & ne pas se mettre dans le cas de devoir l'expliquer par des notions vagues, & générales. C'est ce qui fait que le Maître ne trouve rien de bon à dire dans le dialogue de Mr. Rousseau. Il eût donc fallu commencer ainsi.

Le Maître.

„ Il ne faut pas battre vôtre camarade.

L'Enfant.

„ Et pourquoi ne faut-il pas?

Le Maître.

„ Parceque c'est mal fait.

L'Enfant.

„ Mal fait? Qu'est ce qui est mal fait?

Je remarque en second lieu, que l'enfant demandera vrai semblablement: *Pourquoi est-ce mal fait?* Et non *qu'est-ce qui est mal fait?* Il demandera plûtôt la raison de la qualification de mal qu'on donne à son action, que l'explication générale de ce que c'est que mal. Quoiqu'il en soit, dès qu'il s'agira d'une action particuliere, par exemple, d'avoir battu son camarade, le Maître ne sera guêre embarassé à répondre.

Le Maître.

„ Avez vous oublié les plaintes que vous
„ fites quand le tel vous frappa? Ne trou-
„ vâtes vous pas qu'il avoit mal fait, &
„ qu'il méritoit d'être châtié, & bien vous
„ faites mal aussi, quand vous battez les
„ autres, & vous méritez d'être puni.

Cette Métaphysique n'est pas supérieure à la capacité d'un enfant de dix ans, & elle paroît assez propre à imprimer dans son esprit, par sa propre expérience, cette grande maxime fondamentale de la morale: qu'il ne faut pas faire à autrui ce que nous ne voudrions pas qui nous fut fait à nous mêmes.

Mais supposons qu'il s'agisse d'une action indifférente de sa nature, pour donner lieu à la suite du Dialogue de Mr. Rousseau.
„ Il ne faut pas mettre les pieds dans cette
„ chambre. Pourquoi? Parceque vôtre pere
„ vous l'a défendu.

L'Enfant.

„ Quel mal y a-t-il à faire ce qu'on me
„ défend?

Un enfant capable de faire une telle question a plus de malice que Mr. Rousseau ne pense. Il a une toute autre idée du mal, que celle qu'on a prétendu lui donner dans le Dialogue: c'est à dire que le *mal* c'est ce qu'on lui défend. Car s'il ne connoissoit le mal que sous cette idée, il ne demanderoit pas, *quel mal y a-t-il à faire ce qu'on me défend*? Puisque n'ayant d'autre idée du mal, si non que c'est ce qu'on défend; ce seroit la même chose que s'il disoit: *quel mal y a-t-il à faire ce qui est mal*? Question que des enfans mêmes ne feront guères. Il diroit plûtôt: *pourquoi ne faut-il pas faire ce qui est*

 mal,

mal, ou *ce qu'on me défend?* Mais en disant *quel mal y a-t-il à faire ce qu'on me défend?* Il montre qu'il a une notion du mal indépendante de la défense, & qu'il veut sçavoir, comment ce qu'on lui défend se rapporte à cette idée de mal.

Le Maître.

„ On vous punit pour avoir désobeï.

Avant que d'en venir à cette réponse, le Maître n'a-t-il rien de bon à dire pour faire sentir à un enfant qu'il doit obeïr à son pere? C'est vôtre pere qui vous a donné la vie; vous lui devez ce que vous étes, vous lui appartenez; c'est à lui à vous conduire. Dieu veut que les enfans obeïssent à leur pere; il promet une longue vie à ceux qui remplissent ce devoir, & punit séverement ceux qui y manquent, il pourroit encor dire.

Le Maître.

„ Est-ce à l'aveugle à conduire celui qui
„ voit, ou à celui qui voit à conduire l'aveu-
„ gle?

L'Enfant.

„ C'est à celui qui voit, qu'il appartient
„ de conduire l'aveugle.

Le Maître.

„ Et bien vous étes l'aveugle: vôtre pe-
„ re est celui qui voit.

L'Enfant.

„ Comment cela.

Le Maître.

„ Si vous n'aviez vôtre pere, comment
„ vous y prendriez vous pour faire venir
„ du blé, & en faire du pain. (le Maître doit tirer des circonstances, où il se trouve, les exemples les plus propres à frapper l'enfant sur son ignorance) „ Vous étes aveu-
„ gle dans toutes ces choses qui vous sont

pourtant

„ pourtant si nécessaires : & vôtre pere sçait „ tout cela. Il vous aime d'ailleurs, & ne „ fait rien que pour vôtre bien. C'est donc „ à lui à vous conduire, & vous faites mal „ en desobeïssant. Revenons au Dialogue de l'Auteur.

L' Enfant.

„ Je ferai en sorte qu'on n'en sache rien.

Le Maître.

„ On vous épiera.

L' Enfant.

„ Je me cacherai.

Le Maître.

„ On vous questionnera.

M. Rousseau convient dans les volumes suivans que la loi naturelle n'a de sanction suffisante que dans les récompenses, & les peines d'une vie à venir. Il blâme la fausse Philosophie de ceux qui dans la morale croient pouvoir se passer de la volonté du Suprême Legislateur. Il est donc bien étrange qu'un pere, qu'un Maître n'aient pas à employer le motif de la crainte de Dieu, pour détourner les enfans de commettre le mal, lors même qu'ils croiroient pouvoir se cacher. C'est aller contre l'expérience que de prétendre que des enfans de dix ans ne soient pas susceptibles de cette crainte. Si on n'a soin de la leur imprimer de bonne heure, adieu toute espérance de probité pour toute la vie. Voici-donc une autre réponse a substituer.

Le Maître.

„ Quand vous pourriez vous cacher aux „ yeux des hommes, Dieu vous verra, & „ vous punira. Mais suivons le Dialogue.

L' Enfant.

„ Je mentirai.

 Le Maî-

Le Maître.

„ Il ne faut pas mentir.

L'Enfant.

„ Pourquoi ne faut-il pas mentir?

Le Maître.

„ Parceque c'est mal fait &c.

Pourquoi ne diroit-on pas: Si quelqu'un vous donnoit un cornet, en vous disant que ce sont des dragées; & que l'ouvrant avec impatience dans l'espérance de vous regaler, vous trouvassiez que ce n'est que du gravier, ne trouveriez-vous pas fort mauvais, qu'on vous eût menti? Voyez-donc si c'est mal fait que de mentir? Ou bien: N'êtes vous pas honteux, quand on vous surprend dans un mensonge? Marque que vous sentez que c'est mal fait de parler contre vôtre propre pensée.

Je n'ai pas prétendu donner ici un modele de Dialogue. Locke l'auroit pû faire. Ce que j'ai dit suffit pour montrer que l'entreprise n'est pas impossible, & que sans tourner dans un cercle vicieux, sans s'élever au dessus de la portée des enfans, on peut leur faire discerner dans les actions particulieres le bien, & le mal, & leur faire comprendre les raisons morales de leurs devoirs.

Utilité de la méthode de l'exemple.

Un des meilleurs moyens de raisonner avec les enfans, est de leur faire envisager dans des exemples le bien qu'ils doivent faire, & le mal qu'ils doivent éviter. Telle fut la méthode du vertueux Pere d'Horace dans l'éducation de son fils. Horace lui même en fait un détail très-instructif dans la 4. satire du 1. livre. Mr. Coste dit que c'est un endroit qui ne peut être trop lû de ceux qui sont chargés d'élever des enfans. Ils devroient le sçavoir par cœur, & l'avoir souvent présent à l'esprit.

Quant

Quant aux études qui conviennent aux enfans, Mr. Rousseau condamne sans ménagement tout ce qui à été pratiqué jusqu' à ce jour par les plus habiles Maîtres anciens, & modernes. Fables, Langues, Histoire, Géographie, Chronologie, Géométrie, rien de tout cela ne convient aux enfans avant l'âge de douze, ou de quinze ans. J'avouë qu' il y a bien des abus dans la maniere d' enseigner toutes ces choses, surtout dans les éducations particuliéres: & ce n' est pas sans raison que l' Auteur déplore amerement les tristes succés de ces méthodes frivoles, qui ne sont bonnes qu' à former *de jeunes Docteurs, & de vieux enfans*, ou *de ces petits prodiges qui brillent un instant pour n' être jamais plus rien*. On étoit déja entré dans les mêmes vuës dans un ouvrage imprimé en Italie, il y a quelques années: on me permettra d' en emprunter quelques traits que l' on trouvera à la fin de cet écrit.

Des études qui conviennent aux enfans.

Cependant comme il ne convient pas de proscrire absolument l' usage des choses qui peuvent être bonnes, sous prétexte que l' abus en est mauvais, voyons si dans toutes ces études, que Mr. Rousseau rejette indistinctement il n' y a rien qu' on puisse apprendre aux enfans.

Attention qu'il faut avoir de n' enseigner aux enfans que ce qu' ils peuvent concevoir.

Et d'abord il faut convenir avec lui d' un principe, qu' on ne sçauroit trop inculquer; qu' on ne doit point acoûtumer les enfans à se payer de mots, & à se croire bien habiles pour sçavoir répéter ce qu' ils n'entendent pas. Il ne faut point vouloir les initier dans des sciences, dont on ne peut leur donner des notions exactes. Les premiers traits qui forment l' esquisse d' un tableau ne sçauroient avoir trop de justesse. Si vous manquez

quez dans ces premiers linéamens, les couleurs les plus brillantes, & les plus riches, loin de couvrir ce défaut de proportion, ne ferviront qu'à en rendre la difformité plus fènfible. Les notions informes ne font bonnes qu'à confondre l'efprit des enfans, elles ne leur apprennent rien, & les mettent hors d'état de rien apprendre dans la fuite; parceque les idées fauffes qu'ils reçoivent, traverferont toujours les idées vraies qu'on voudra leur fubftituer. La premiere impreffion réfifte toujours à la feconde: & il s'en forme comme une impreffion compofée, & toujours défigurée.

Le moyen de garantir les enfans d'un fi fâcheux inconvénient, n'eft pas de fe tenir dans une totale inaction à l'égard de leurs facultés intellectuelles, ainfi que l'Auteur le prefcrit, ce feroit les expofer à prendre d'eux mêmes des notions très-fauffes des objets qui les environnent. On n'ôte pas la curiofité à un enfant, en lui refufant l'inftruction: l'enfant raifonnera donc, & raifonnera mal. Evitons les excés, ne cherchons point à faire des Docteurs, mais appliquons nous à inftruire des enfans. Examinons quelle eft la portée de leur efprit, tâchons de foûtenir leur curiofité, & ne craignons point de leur donner des connoiffances proportionnées à leur capacité. Ayons feulement la fage précaution de ne vouloir avancer que lentement, & de reconnoître à chaque pas que nous faifons, fi nous nous rendons intelligibles, & fi effectivement l'on nous entend.

M. Rouffeau répond que c'eft là précifément le point, où l'on a coûtume de fe tromper. „ L'apparente facilité d'apprendre,

dit-il

„ dit-il (p. 243.) eſt cauſe de la perte des
„ enfans. On ne voit pas que cette facilité
„ même eſt la preuve qu' ils n' apprennent
„ rien. Leur cerveau liſſe, & poli rend
„ comme un miroir les objets qu' on lui pré-
„ ſente; mais rien ne reſte, rien ne péné-
„ tre. L' enfant retient les mots, les idées
„ ſe réflechiſſent; ceux qui l' écoutent, les
„ entendent, lui ſeul ne les entend point.

Ce que c' eſt qu' idée ſelon M.R.

Il ajoûte „ Qu' avant l' âge de raiſon l'en-
„ fant ne reçoit pas des idées, mais des ima-
„ ges; & il y a cette difference entre les
„ unes, & les autres, que les images ne
„ ſont que des peintures abſoluës des objets
„ ſenſibles, & que les idées ſont des no-
„ tions des objets, déterminées par des rap-
„ ports .... quand on imagine on ne fait
„ que voir; quand on conçoit on compare.

Regle pour diſcerner ſi un enfant conçoit, & s' il a des idées.

Admettons ces réflexions de l'Auteur; elles nous ſerviront de regle pour diſcerner ſi un enfant conçoit, ou ne conçoit pas, s' il a des idées, ou s' il n' en a pas. J' explique à un enfant ce que c' eſt que nombre multiple. Il repéte la définition, que je lui ai expliquée, cela ne ſuffit pas pour me raſſûrer ſur l' idée qu' il s' en eſt formée. Je lui demande quels ſont les nombres dont ſix, huit, douze ſont multiples, il les trouve l' un après l' autre. Non content de cette épreuve je lui demande encor les ſous-multiples de vingt-cinq, de trente-ſix, de quarante-huit; il ſe met à tâtonner, & en trouve quelques uns; il ſe méprend ſur d' autres, s' apperçoit de ſa mépriſe, revient ſur ſes pas, ſe redreſſe, les trouve, & s' aſſure de les avoir trouvés. Je ne puis-donc douter que cet enfant n' ait conçu ce que je lui ai expliqué. Il a des notions déterminées par des rapports, il com-

pare:

pare : donc par la regle de Mr. Rousseau il conçoit, & a des idées. Je lui ai présenté une image, il en distingue les parties, & en forme de nouvelles combinaisons. Ce n'est plus un miroir lisse, & poli, qui ne fait que renvoyer la lumiere : c'est un prisme qui en est pénétré, & qui ne la rend, qu'après l'avoir modifiée.

Mr. Rousseau a senti qu'on pouvoit lui objecter l'exemple des enfans qui apprennent quelques élemens de Géométrie. Il répond que cet exemple prouve en sa faveur. „ Loin, dit-il, de sçavoir raisonner d'eux „ mêmes, ils ne sçavent pas même retenir „ les raisonnemens d'autrui ; car suivez ces „ petits Géométres dans leur méthode, vous „ voyez aussitôt qu'ils n'ont retenu que „ l'exacte impression de la figure, & les „ termes de la démonstration, à la moindre „ objection nouvelle ils n'y sont plus ; renversez la figure, ils n'y sont plus. Tout „ leur sçavoir est dans la sensation, rien n'a „ passé jusqu'à l'entendement.

Il s'agit d'un fait bien aisé à vérifier dans un siécle peut être plus Géométre encore que Philosophe. Qu'on suive les petits Géométres qui font leur cours sous de bons Maîtres, je suis sûr qu'on aura lieu de se convaincre qu'ils font plus que voir des figures, & retenir des sons. Plusieurs conçoivent très-bien ce qu'on leur apprend, & ce qui est plus important, ils acquierent par ces premiéres impressions une habitude, une tournure, une disposition d'esprit qui les met en état de faire, dans la suite, de beaucoup plus grands progrés. Il est peut être peu d'excellens Géométres qui n'aient commencé de bonne heure leur cours de Géométrie.

Mr. Rous-

Mr. Rouſſeau ne devoit pas toucher à cet article. La vraie méthode d'apprendre les Mathématiques doit être connuë dépuis long tems. Emile pourra devenir un grand homme, un plus grand homme, *qu' un des hommes de nos jours, un François, un Anglois, un Bourgeois, un rien*; mais à coup ſûr il ne déviendra pas plus grand Géométre qu' Archiméde, ou Newton.

Importance des premiéres études.

„ L'enfance, dit Terraſſon dans Sethos, „ a cet avantage propre, qu'on ne ſçait „ parfaitement que les ſciences, & les arts „ dont on a ſurmonté les premiéres difficultés en cet âge. Et pour ne prendre qu' „ en ma perſonne un exemple déſavantageux, j'avouërai que quoique j'aie tenté „ d'acquérir en differens tems de ma vie les „ connoiſſances qui ſont en honneur parmi „ les Grecs, je ne ſçai d'une maniere, dont „ je ſois content que lire, & écrire; parceque ce ſont les ſeuls arts dont on m'ait „ fait arracher toutes les épines dans mon „ enfance.

Ce modeſte aveu d'un Sage devroit ſervir de contrepoids aux aſſertions un peu trop hardies de nôtre Philoſophe. Cette partie de ſon ſiſtéme eſt bien propre à nourrir la négligence des peres par rapport à l'inſtruction de leurs enfans. Quoi de plus commode en effet pour un pere négligent, que d'entendre de la bouche d'un Philoſophe, que la meilleure choſe qu'il y ait à faire avec les enfans, eſt de ne rien faire? Il ne manquera guêres d'adopter une maxime ſi conforme à ſon goût dominant; & il ſe croira Philoſophe préciſément, parcequ' il eſt indolent.

Entrons

Entrons maintenant dans quelque détail touchant les études qui peuvent convenir aux enfans. *Emile*, dit l' Auteur (p. 261) *n'apprendra jamais rien par cœur, pas même des Fables, pas même celles de la Fontaine*. Dire qu' il n' y a rien abſolument de bon à faire apprendre par cœur aux enfans, c' eſt une propoſition trop générale : & s' il y a quelque choſe de bon à leur faire apprendre, pourquoi négliger ce moyen de fortifier leur mémoire en l' exerçant, & de commencer à leur remplir l' eſprit de bonnes choſes?

Des Fables.

„ Comment peut-on, continue-t-il, s'aveu„ gler aſſez pour appeller les fables la mo„ rale des enfans? Sans ſonger que l' apolo„ gue en les amuſant les abuſe, que ſéduits „ par le menſonge ils laiſſent échaper la ve„ rité, & que ce qu' on fait pour leur ren„ dre l' inſtruction agréable, les empêche „ d' en profiter. Les fables peuvent inſtrui„ re les hommes, mais il faut dire la verité „ nuë aux enfans, ſi tôt qu' on la couvre „ d' un voile, ils ne ſe donnent plus la pei„ ne de le lever.

Platon ce Philoſophe ſi eſtimé de Mr. Rouſſeau dans la partie de l'éducation, recommande aux nourrices d' apprendre les fables d' Eſope aux enfans. On ne les abuſe point en les amuſant pas ces innocentes fictions. Un enfant de huit ou dix ans, qui entend pour la premiére fois la fable du Loup, & de l' Agneau n' eſt point abuſé. Il ſçait fort bien que le Loup, & l' Agneau ne ſe ſont jamais parlé. Le voile qui couvre la verité dans cet apologue, n' a pas beſoin d' être levé, il eſt tranſparent, il la laiſſe paroître en entier, & ne fait qu' en rendre les traits plus touchans. Dites ſéchement à un enfant

que

que les puiſſans ne doivent pas opprimer les foibles, une verité ſi nuë ne fera que peu d'impreſſion ſur ſon eſprit, & encore moins ſur ſon cœur. Les maximes abſtraites, & générales ne ſont pas pour lui; ce ſont des diſcours qui ne le touchent point, il ne vous écoute pas. Mettez ſur la ſcéne le Loup, & l'Agneau, le voilà auſſitôt reveillé, il ne demande pas mieux que de vous entendre, il vous écoute juſqu'au bout, toujours avec émotion, quelque fois avec tranſport. Vous le voyez s'attendrir ſur le ſort de l'Agneau, il voudroit pouvoir l'arracher de la gueule dévorante de l'animal raviſſant, c'eſt l'effet que cette fable produira généralement ſur tous les enfans.

Quand elle ne feroit que leur préſenter *une ſimple image ſans idée*, ce ſeroit toujours un amuſement innocent qu'elle leur fourniroit; & ce n'eſt pas un petit avantage que de trouver des amuſemens, dont on n'ait rien à craindre pour l'enfance. Mais il y a plus. Cette image porte avec elle des idées, & des ſentimens. L'enfant eſt réelement touché de l'innocence de l'Agneau, de ſa douceur, de la candeur de ſes réponſes, il a pitié de ſa foibleſſe. En s'intereſſant ainſi pour l'Agneau il apprend à aimer les qualités qui le lui rendent aimable; en déteſtant au contraire la bête feroce qui le dévore, il conçoit de l'horreur, & de l'averſion pour ſon arrogance, ſa brutalité, ſon injuſtice, pour toutes les qualités qui lui rendent le Loup ſi odieux. Point d'enfant qui ne ſoit frappé du contraſte, que cette fable préſente entre la douceur de l'Agneau, & la brutalité du Loup. L'eſprit de l'enfant fait donc plus que recevoir une ſimple image, il apperçoit les rapports des différentes qualités du Loup, & de l' Agneau, il les distingue, & les compare, il reçoit donc des idées, & ces idées sont accompagnées d' un vif sentiment qui l' interesse en faveur de l' innocence, & qui lui inspire de l' horreur pour la cruauté, qui lui rend odieux le puissant injuste, qui abuse de sa force pour opprimer l' innocent. La verité toute nuë n' auroit pas eû tant de force.

Parlez tout uniment à un enfant de la beauté de la vertu, de la laideur du vice, son imagination ne sera point émuë, elle ne recevra rien, & ne fera rien passer à l' entendement. Voulez-vous que l' enfant vous entende, personnifiez la vertu, & le vice, mettez-les en action, faites-les lui voir revetus de leurs caracteres propres dans la conduite du Loup, & de l' Agneau, vous n' aurez pas besoin de dire à l' enfant que l' innocence est aimable, que la brutalité est odieuse, il le verra, il le sentira, & jugera de la différence de ces qualités par la différence des impressions qu' elles lui causent.

Sentiment de Quintilien.

Que les fables d'Esope succedent aux contes des nourrices, disoit Quintilien, ce Maître si judicieux, qui joignoit un sens droit à une experience consommée: que les enfans apprennent d'abord à les rendre de vive voix d'un stile pur, mais familier, & qu'ils s'exercent en suite à les mettre par écrit.

Sentiment de Rollin caractere des principaux Fabulistes.

Le bon Rollin digne émule de Quintilien quoiqu' avec moins de génie peut-être, & moins de Philosophie, ne se déclare pas moins ouvertement pour l' utilité des fables. Il trace en peu de mots le caractere des principaux Fabulistes. „ Les fables d' Esope, dit-„ il, sont denuées de tout ornement, & de

„ toute

„ toute parure; mais pleines de ſens, & à „ la portée des plus petits enfans, pour qui „ elles étoient compoſées. Celles de Phedre „ ſont un peu plus relevées, & plus éten- „ duës, mais cependant d'une ſimplicité, & „ d'une élégance qui reſſemble beaucoup à „ l'atticiſme dans le genre ſimple, c'eſt à „ dire à ce qu'il y avoit de plus fin, & de „ plus délicat chez les Grecs. Mr. de la „ Fontaine qui a bien ſenti que nôtre langue „ n'étoit pas ſuſceptible de cette ſimplicité, „ ni de cette élégance, a égaïé ſes fables „ par un tour naïf, & original, qui lui eſt „ particulier, & dont perſonne n'a pû ap- „ procher. Il eſt mal aiſé, ajoute-t-il, de „ comprendre pourquoi Senéque poſe en „ fait, que de ſon tems les Romains n'avo- „ ient point encore eſſaïé leurs plumes ſur „ cette ſorte de compoſition. Les fables de „ Phedre lui étoient-elles inconnuës?

Utilité dont ſeroit un recueil de fables bien écrites, dans le goût de celles d'Eſope.

On peut donc poſer en fait avec Rollin, que les fables d'Eſope ſont à la portée des enfans. Il ſeroit ſeulement à ſouhaiter que quelque bonne plume entreprit de les mettre en François de la maniere que Quintilien ſouhaitoit que les enfans appriſſent à les rendre en latin, c'eſt à dire d'un ſtile pur, mais ſimple, & familier. Il faudroit dans cet ouvrage s'attacher ſcrupuleuſement à la partie la plus eſſentielle du langage, qui eſt ſans contredit la proprieté des termes. Toute expreſſion figurée, toute expreſſion ambiguë en devroit être bannie. On auroit ſoin d'exprimer chaque choſe par ſon nom propre, & de donner à chaque mot la ſignification préciſe qui lui convient. Je ſçais que le ſtile figuré ſert aux bons écrivains pour donner plus de force, plus de vivacité, plus de grace au discours ; mais je sçais aussi que dans l'usage familier on l'emploie souvent par la nécessité où l'on est de faire entendre ce que l'on veut dire, lorsque réellement on ne le sçait pas dire. Au défaut d'un terme propre à exprimer ce que l'on pense, on emprunte une figure qui par une sorte d'analogie sert à reveiller dans les autres l'idée qu'on ne sçait pas rendre. Cet usage vague, confus, indécis, que l'on fait souvent d'un seul terme pour exprimer differentes idées, ou de differens termes pour exprimer la même idée, est peut-être une des causes de l'altération insensible du langage. Un recueïl de fables qui pût servir de modéle dans le genre simple de la narration, & où la proprieté des termes fut exactement observée, rémedieroit en grande partie à cet inconvenient. Les enfans y apprendroient la valeur des mots, & sçauroient dans la suite les employer à propos ; un tel ouvrage ne peut être que la production d'une bonne plume, & plus d'un homme en pourroit profiter.

Phédre plus relevé qu'Esope convient moins aux enfans.

Phédre est beaucoup plus relevé que ce que l'on appelle les fables d'Esope, & par cela même convient moins aux enfans. Aussi ce n'est pas pour eux qu'il a travaillé, il vouloit plaire aux gens de goût en relevant par l'élegance, & par les graces du stile la matiere qu'il avoit tirée d'Esope. C'est ce que l'on voit par ses prologues, & par les réponses qu'il fait à ses critiques, il s'y défend de l'imputation de copiste, & prétend à la gloire d'avoir perfectionné le genre qu'Esope n'avoit fait qu'ébaucher. Le fréquent usage du stile poëtique éclipse dans la plus part de ses fables la proprieté des termes, qui est pourtant la partie la plus nécessaire

aux

aux enfans qui apprennent une langue. Phédre n' est point en latin ce qu' Esope est en grec : ce ne sont point des fables pour des enfans suivant le plan de Quintilien.

C' est peut-être par cette consideration que Senéque trouvoit que les Romains ne s'étoient point encore exercés dans ce genre de composition. Le texte de Senéque est celuici: *Non audeo te usque eo producere, ut fabellas, & Æsopeos logos, intentatum Romanis opus, solita tibi venustate connectas*. De consolat. ad Polyb. c. 27., il venoit de loüer ce Polybe favori de Claude d' avoir traduit Homere, & Virgile, c' est à dire Homere en latin, & Virgile en grec, il paroît souhaiter (car ce livre de Senéque est un monument de la plus basse flatterie) que Polybe s' exerce aussi sur les fables d' Esope, en les traduisant en latin. Pincianus voudroit en effet, qu' on lût *convertas*, au lieu de *connectas*, mais en retenant même le dernier mot, on peut dire que Senéque exhorte Polybe de joindre les fables d' Esope à Homere, & à Virgile qu'il avoit traduits. Senéque vouloit quelque chose dans le goût d' Esope, & Phédre n'est point dans le goût d' Esope. Peut-être aussi que Senéque ne vouloit pas compter entre les Romains Phédre natif de Thrace. On sçait que Phédre a été long tems dans l' oubli. Peut-être eût il été plus connu, s' il eût voulu être plus simple, & s' il se fut contenté d' être l' Esope des Latins. Il n'a pas senti qu' en se mettant au dessus de la sphére des enfans par son stile, il y rentroit par son sujet : qu' ainsi il ne seroit lû ni des jeunes, ni des vieux. Ceux qui veulent de la Philosophie en vers latins, prennent Horace, & laissent là Phédre.

Des Fables de la Fontaine.

Phédre n'a fait que relever son stile. La Fontaine a sçû relever son sujet. Ses fables ne sont pas seulement des fables, ce sont des caractéres, des tableaux animés, & comme le Théatre de la vie hnmaine. Il ne peint pas seulement les vertus, les vices, les passions, en un mot toutes les qualités morales par les traits decidés, & tranchans qui les caractérisent; il excelle à peindre les caracteres qui résultent de leurs différens mélanges, & des modifications, qu'elles reçoivent de l'habitude, & des usages de la societé. En montrant les hommes tels qu'ils affectent de paroître, il les fait connoître tels qu'ils sont. Il a sçu réunir au suprême dégré deux qualités qui ne semblent gueres compatibles, la finesse, & la naïveté: c'est qu'il a sçu joindre parfaitement la finesse de l'allusion à la verité de l'expression. Il faut avoüer que tout cela est bien propre à faire l'admiration des gens de goût, & par cela même peu propre pour l'instruction, & l'amusement du prémier âge. D'ailleurs la Fontaine fourmille d'expressions qui ne sont point d'usage: c'est un très-grand inconvénient pour les enfans qu'on éleve dans les Pays étrangers. Car en France le stile ordinaire de la conversation peut leur servir de correctif, & de régle.

Malgré cela je suis persuadé, que les enfans peuvent tirer quelque profit de la lecture de plusieurs fables de cet Auteur. Ils n'entendront pas tout, mais ils entendront quelque chose, & ce peu servira pour leur plaisir, & leur instruction. Mr. Rousseau prétend prouver le contraire par l'analyse qu'il fait de la fable du Corbeau, & du Renard, qu'il regarde pourtant comme le chef

d'œuvre

d'œuvre de la Fontaine. J'entreprens de faire quelques observations sur son analyse.

Je dis d'abord que le sujet n'est pas au dessus de leur portée. Les enfans aiment les loüanges : on peut donc leur apprendre ce que c'est que flatterie : ils sont bien aises d'avoir quelque peu d'argent soit pour le garder, soit pour se fournir de jouëts ou de dragées. On peut ainsi leur faire entendre, qu'il y a des riches assez sots pour vouloir être flattés, & qui au lieu de faire part de leur argent à ceux qui en ont besoin, & qui le méritent, ce qui leur feroit beaucoup d'honneur, le répandent à pleines mains sur ceux qui ont la bassesse de les flatter : qu'il se trouve toujours des gens rusés qui sçavent tourner la sottise des riches à leur profit, & qui aprés en avoir tiré bien de l'argent, se moquent d'eux sur le marché ; que le métier de ces flatteurs est pourtant un métier vil, honteux, qui les fait mépriser des honnêtes gens. Il n'y a rien en cela qu'on ne puisse rendre sensible aux enfans par un détail suffisant. Venons à l'analyse de Mr. Rousseau.

Le Corbeau, & le Renard.

FABLE.

Maître Corbeau sur un arbre perché.

„ MAître ! Que signifie ce mot en lui même ? Que signifie-t-il au devant d'un nom propre ? Quel sens a-t-il dans cette occasion ?

Maître est un mot qui a plusieurs significations. Au devant d'un nom propre c'est

 un

un titre que l'on donne aux artiſans : *Maître Jean le Savetier*. C'eſt quelque choſe de moins que le *Monſieur* que l'on joint au ſurnom, & qui ſe donne à des perſonnes plus qualifiées. Dans cette occaſion il ſignifie que Maître Corbeau, Maître Renard ſont des perſonnages de mince condition. Un enfant ſçait tout cela : il diſtingue fort bien Maître Robert le Jardinier, de Monſieur le Juge, ou de Monſieur l'Officier.

„ Qu'eſt-ce qu'un Corbeau ?

C'eſt un animal qui n'eſt pas fort rare. Si l'enfant n'en a point vû, on lui en fait voir. Il faut que les enfans apprennent à connoître ce qui exiſte. C'eſt une partie des plus importantes de l'éducation.

Tenoit dans ſon bec un fromage.

„ Quel fromage ? Etoit-ce un fromage de „ Suiſſe, de Brie, ou de Hollande ? Si l'en- „ fant n'a point vû de Corbeaux, que „ gagnez-vous à lui en parler ? (doit on attendre que l'enfant ait vû la Baleine avant que de lui en parler) „ S'il en a vû, com- „ ment concevra-t-il qu'ils tiennent un fro- „ mage à leur bec ? Faites toujours des ima- „ ges d'après nature.

Excellent avis. Mais celle-ci ne ſort pas de la nature. Tous les fromages ne ſont pas des fromages de Gruiéres, ou de Lodi. On en fait de ſi petits qu'un Corbeau pourroit fort bien en tenir un dans ſon bec.

Maître Renard par l'odeur alléché.

„ Encore un Maître ! Mais pour celui-ci „ c'eſt à bon titre, il eſt Maître paſſé dans „ les tours de ſon métier. Il faut dire ce „ que c'eſt qu'un Renard, & diſtinguer ſon „ vrai naturel du caractére de convention „ qu'il a dans les fables.

Nou-

Nouvelle occaſion d'inſtruire vôtre éléve de quelque fait rélatif à l'hiſtoire naturelle. Ce n'eſt pas tems perdu. Un enfant eſt dans le Monde, il eſt bien qu'il connoiſſe les êtres qui l'environnent.

Alléché par l'odeur du fromage.

„ Ce fromage tenu par un Corbeau per-
„ ché ſur un arbre, devoit avoir beaucoup
„ d'odeur pour être ſenti par le Renard
„ dans un taillis, ou dans ſon terrier! Eſt-
„ ce ainſi que vous exercez vôtre éléve dans
„ cet eſprit de critique judicieuſe, qui ne
„ s'en laiſſe impoſer qu'à bonnes enſeignes,
„ & fait diſcerner la verité du menſonge
„ dans les narrations d'autrui.

Mr. Rouſſeau n'ignore pas les preuves indubitables, que l'hiſtoire naturelle fournit de la ſubtilité de l'odorat de pluſieurs animaux. Combien de faits très-curieux n'aura-t-on pas à raconter à Emile ſur ce ſujet? De telles connoiſſances très-inſtructives, & très-amuſantes par elles mêmes, ſerviront à exercer Emile dans l'eſprit d'une critique très-judicieuſe, & très-importante, qui conſiſte à ne pas regarder nos propres ſenſations comme la méſure de la réalité, ou de l'activité des objets. Le vulgaire juge de la propagation d'une qualité telle, que la chaleur ou l'odeur, par l'impreſſion dont il eſt affecté, on croit qu'il n'y a ni chaleur, ni odeur, dès que l'on ceſſe de ſentir la chaleur, & l'odeur; c'eſt une erreur très-commune, & qui paroît avoir conduit en cet endroit la plume de nôtre Auteur; à dix pas de diſtance il ne ſent plus l'odeur d'un fromage; donc cette odeur ne s'étend pas au delà; il s'en eſt laiſſé impoſer, & ſûrement ce n'eſt pas à bonnes enſeignes. Quoiqu'à dire vrai l'effet d'une critique judicieuſe eſt de ne s'en point laiſſer impoſer du tout. S'en laiſſer impoſer à bonnes enſeignes, n'eſt-ce pas la même choſe que ſe tromper avec raiſon?

Lui tint à peu près ce langage.

„ Ce langage! Les Renards parlent-donc? „ Ils parlent-donc la même langue que les „ Corbeaux? Sage Précepteur, prens garde „ à toi: péſe bien ta réponſe avant de la „ faire, Elle importe plus que tu n'as penſé.

Un enfant de dix ans ſçait qu' un Corbeau croaſſe, & ne parle pas; qu' un Renard glapit, & ne parle pas: que tout ce langage n'eſt qu' une fiction pour faire joüer au Renard le perſonnage d'un flatteur ruſé, au Corbeau le perſonnage d'un ſot.

Eh! bon jour Monſieur le Corbeau.

„ Monſieur! Titre que l'enfant voit tour- „ ner en dériſion, même avant qu'il ſçache „ que c'eſt un titre d'honneur. Ceux qui „ diſent *Monſieur du Corbeau* auront bien „ d'autres affaires avant que d'avoir expli- „ qué ce *du*.

Quel eſt l'enfant qui ne ſçache pas que *Monſieur* eſt un titre d'honneur? Il le donne aux amis de la maiſon, & ne le donne pas aux valets. Un enfant élevé en France n'ignore pas que le *de* ou *du* eſt affecté aux gens de condition. *Monſieur Corbeau* eſt un nom bourgeois; *Monſieur du Corbeau* ſent ſon gentil homme. On lui fait remarquer que le Renard voulant flatter le Corbeau, affecte de le traiter avec plus de conſidération, en l'appellant *Monſieur du Corbeau*, au lieu de lui dire ſimplement Maître Corbeau.

Que

Que vous êtes charmant, que vous me semblez beau!

„ Cheville, redondance inutile. L'enfant „ voyant répeter la même chose en d' au„ tres termes, apprend à parler lâchement (Mr. Rousseau est délicat, & s' impose une loi bien sévere dans ses entretiens avec Emile) „ Si vous dites que cette redondance est „ un art de l'Auteur, & entre dans le des„ sein du Renard, qui veut paroître multi„ plier les éloges avec les paroles, cette ex„ cuse sera bonne pour moi, mais non pas „ pour mon éléve.

Quand un enfant a recours aux caresses pour obtenir une grace, voyez s' il ne sçait pas varier ses tours, & ses éloges? Dites lui que ce tour de ruse est connu, que c' est la comédie que joue ici le Renard pour gagner les bonnes graces du Corbeau.

Sans mentir, si vôtre ramage

„ Sans mentir! On ment-donc quelque„ fois? Où en sera l'enfant, si vous lui ap„ prenez que le Renard ne dit, sans mentir, „ que parcequ' il ment?

Ne craignez rien. Il n' est pas mal qu'un enfant sache de bonne heure, qu' il y a des méchans dans le Monde. Dites lui qu' il y a des perfides, qui mentent, & qui trompent, & qui pour mieux couvrir leur jeu affectent de paroître hommes de bien. Dites lui que ces scelérats sont connus tôt ou tard, qu'ils sont détestés de tout le Monde, qu' on les évite comme les pestes de la societé, que personne ne veut avoir affaire à eux, qu' ils déviennent l' horreur, & l' execration du genre humain: cette leçon ne sera pas inutile.

Répondoit a vôtre plumage.

„ Répondoit ! Que signifie ce mot ? Ap-
„ prenez à l'enfant à comparer des qualités
„ aussi différentes que la voix, & le pluma-
„ ge : vous verrez comme il vous entendra.

Répondre signifie ici s'accorder. Les idées d'accord, de convenance, de symmétrie entrent très-naturellement dans l'esprit des enfans, ils en observent les modeles dans les productions de la nature, & de l'art, & comme ils sont imitateurs, ils s'étudient à les copier jusques dans leurs badinages. Rien de plus aisé, que de faire concevoir à un enfant si tout s'accorde dans l'arrangement de quelques meubles, dans la construction d'un château de carton, qu'il aura fait ; si une fenêtre, par exemple, répond à l'autre ou non, & pourquoi. Quant au plumage, & à la voix il ne s'agit pas de comparer ces deux qualités en elles mêmes, pour trouver un rapport entre des couleurs, & des sons. La chose est beaucoup plus simple. Faites observer à un enfant que son chardonneret a un beau plumage, & qu'il a aussi une belle voix ; qu'au contraire le Paon a un beau plumage, & une voix désagreable. L'enfant comprendra aussitôt, que dans le chardonneret la voix s'accorde avec le plumage, en tant que sa voix enchante l'oreille, & son plumage charme les yeux : que cet accord ne se trouve point dans le Paon, dont le plumage plaît aux yeux, mais dont la voix est désagréable à l'oreille ; en comparant ainsi ces qualités, non en elles mêmes, mais en tant qu'elles s'accordent à plaire, l'enfant n'aura point de difficulté à concevoir, comment la voix peut répondre à la beauté du plumage.

Vous

Vous seriez le Phenix des hôtes de ce bois.

„ Le Phenix ! Qu' est ce qu'un Phenix ? „ Nous voici tout à coup jettés dans la men„ teuse antiquité, presque dans la mytho„ logie.

Quel mal y auroit-il à faire la description de cet oiseau fabuleux ?

A ces mots le Corbeau ne se sent pas de joie.

„ Il faut avoir éprouvé des passions bien „ vives pour sentir cette expression prover„ biale.

J' oserois dire que ce n' est que dans l'enfance où l' on peut bien la sentir : à cet âge où l'ame n' a souvent d' autre sentiment d' elle même, que celui de la joie qui la pénétre, & qui l' innonde, joie pure, & sans mélange qui n' est troublée ni par l'importun souvenir du passé, ni par la triste prévoïance de l'avenir, joie qui naît du fond de l' ame, qui est comme le premier épanoüissement d' un être qui commence à se connoître, & à joüir de la nouveauté de son existence. Tel n' est point le plaisir tumultueux des passions trop vives, telle n'est point la joie de l' âge plus avancé ; de cet âge où l' on est plus attaché à l' existence, qu' on ne joüit du plaisir d' exister, où la joie dévenuë comme étrangére à l' ame, ne coule que par intervalles, & toujours sur un fond d' ennui, & de dégout. Sçauroit-on alors ce que vaut cette expression proverbiale sans le souvenir de ce qui s' est passé dans l' enfance ?

Et pour montrer sa belle voix

„ N'oubliez pas, que pour entendre ce vers, „ & toute la fable, l' enfant doit sçavoir ce „ que c' est que la belle voix du Corbeau.

Il faut que l' enfant ſache que le Corbeau croaſſe déſagréablement, mais que faiſant dans la fable le perſonnage d' un ſot, il s' imagine ridiculement d' avoir une belle voix, & veut en faire parade.

Il ouvre un large bec, laiſſe tomber ſa proie.

„ Ce vers eſt admirable; l' harmonie ſeule „ en fait image. Je vois un grand vilain „ bec ouvert; j' entens tomber le fromage „ à travers les branches: mais ces ſortes de „ beautés ſont perduës pour les enfans.

J' ai vû des enfans ſenſibles à cette image avant que d' avoir appris ce que c' étoit qu' image en fait de narration. Ne vous paroît-il pas (pourroit on dire à un enfant) de voir le Corbeau qui ouvre un grand bec, le fromage qui lui échappe, & qui tombe à travers les branches? Ne doutez point de l'effet de cette peinture ſur une imagination ſenſible. Faites-lui ſeulement obſerver qu' il n' entend qu' un récit, & que c' eſt pourtant comme s' il voïoit la choſe ſe paſſer ſous ſes yeux, alors dites-lui ce que c' eſt qu' image, il vous entendra.

Le Renard s' en ſaiſit, & lui dit mon bon Monſieur

„ Voilà donc déja la bonté transformée en „ bêtiſe, aſſûrément on ne perd pas de tems „ pour inſtruire les enfans.

Il n' eſt pas neceſſaire de tant ſubtiliſer, on fait remarquer à un enfant que le Renard après avoir attrapé le fromage, ſe mocque du Corbeau. Quoi de plus propre pour le précautionner contre la flatterie, & contre la ſottiſe qui la boit; pour lui faire ſentir combien le perſonnage du Corbeau eſt riſible, & combien celui du Renard eſt odieux.

Appre-

Apprenez que tout flatteur
Vit aux dépens de celui qui l'écoute.

„ Maxime générale : nous n'y sommes „ plus.

Nous y sommes encore, parceque la maxime générale est appliquée à un cas particulier.

Le Corbeau honteux, & confus

„ Autre pléonasme ; mais celui-ci est in„ excusable.

Soit : Est-ce un si grand mal qu'un pléonasme ?

Jura, mais un peu tard, qu'on ne l'y prendroit plus.

„ Jura ! Quel est le sot de Maître qui ose „ expliquer à l'enfant ce que c'est qu'un „ serment ?

Il faut bien qu'on le lui explique, s'il doit apprendre son catéchisme. Je sçais que Mr. Rousseau ne veut point de catéchisme ; mais c'est un paradoxe contraire à la Réligion, & à la bonne Philosophie. Ce qu'on a dit plus haut touchant les idées morales, dont les enfans sont susceptibles, est plus que suffisant pour en démontrer la fausseté.

Utilité des Fables rélative à l'application qu'on en peut faire aux événemens de la vie.

Les fables sont utiles aux enfans pour le présent, & peuvent l'être encore davantage pour l'avenir, ce sont comme autant d'aphorismes, ou d'emblêmes de la vie humaine. Chaque moralité est comme le resultat d'une longue suite d'observations qui font connoître de quelle maniére les hommes agissent en telles & telles circonstances, & quels sont les effets qui en proviennent. Je ne veux pas dire avec cela que les fables puissent tenir lieu d'experience aux jeunes gens. Je dis seulement qu'elles peuvent servir à la leur rendre utile en les mettant sur

les

les voyes de réflechir sur ce qui se passe. Pour mettre l'expérience à profit il faut sçavoir ramener les cas particuliers à une loi, ou à un principe commun, qui en fasse connoître la liaison, & la dépendance. C'est à quoi servent principalement les régles générales dans les sciences, & dans les arts. Combien de gens qui passent toute leur vie à voir ce qui arrive au jour la journée, sans jamais songer à lier les événemens qui se succedent pour en réconnoître les causes, & les suites? Ces gens là paroissent avoir de l'expérience, & n'en ont pas; ils ont beaucoup vû, & n'ont rien observé. C'est la faculté de réfléchir, & de combiner qui fait la principale différence qu'il y a d'homme à homme; cette excellente faculté veut être aidée: tous les hommes ont plus ou moins besoin d'un moniteur qui leur fasse naître à propos la pensée de réfléchir. C'est en quoi l'étude des fables peut-être d'une grande utilité aux jeunes gens. Quand ils commencent à débuter dans le Monde, ils ne voient encor pour l'ordinaire que le dehors des scénes qui s'y passent. Un jeune homme sera témoin de cent événemens, qui ne seront pour lui que des cas particuliers, ou isolés, dont il ne verra ni le principe, ni la connexion, ni la dépendance. Le voilà ainsi hors d'état d'en tirer aucune induction générale qui puisse lui tenir lieu de régle dans la pratique: & il se passera bien du tems avant qu'il commence à sçavoir faire usage de son expérience. Mais les fables faisant allusion à toutes les situations de la vie humaine, il peut arriver que tel événement, qui par lui même n'auroit fait aucune impression convenable dans l'esprit d'un jeune hom-

homme, lui rappellera le ſouvenir de la fable qui s' y rapporte. La moralité de cette fable qui juſques là n' avoit été pour lui qu' une maxime vague, & indéterminée ſe préſentera dès lors d' une maniere ſenſible dans l' application au cas particulier dont il s'agit. Il apprendra ce que veut dire en pratique cette moralité qu' il ne connoiſſoit auparavant, qu' en ſpéculation: elle lui ſervira de régle pour démêler quel eſt l' eſprit qui fait agir les hommes en telles & telles circonſtances, ce qu'on en doit attendre, & comment il faut ſe conduire. Ce ſera le premier anneau de la chaîne, auquel viendront ſe joindre tous les autres cas ſemblables.

De l' étude des langues, & en particulier du latin.

Quant aux langues anciennes je trouve qu' il eſt aſſez inutile d' y appliquer les enfans avant l' âge d' onze, ou de douze ans ſurtout dans les éducations particuliéres. A cet âge un enfant apprendra dans un an ce qu' il n' auroit appris pendant quatre ou cinq ans auparavant que très-imparfaitement, & avec beaucoup de peine, & de degoût.

Raiſonnement de Mr. R. contre l'étude des langues.

„ Je conviens, dit Mr. Rouſſeau (p. 248.) „ que ſi l' étude des langues n'etoit que cel„ le des mots, c' eſt à dire, des figures, & „ des ſons qui les expriment, cette étude „ pourroit convenir aux enfans, mais les lan„ gues en changeant les ſignes, modifient „ auſſi les idées qui les répréſentent.

Il eſt vrai que le different arrangement des ſignes en différentes langues donne très-ſouvent une tournure, une empreinte différente aux penſées qui ſe reſſemblent davantage. Mais autre choſe eſt l' arrangement, ou l' uſage des ſignes; autre choſe l' établiſſement primitif des ſignes. Que les terminaiſons, par exemple des déclinaiſons, & des conjugaijugaiſons ſoient plûtôt d'une maniére que de l'autre, cela n'influë point ſur les penſées; ce ſont des ſignes arbitraires, dont il a fallu convenir pour former une langue, & pour la parler; mais ce n'eſt point encore en cela que conſiſte la langue, c'eſt dans la phraſe, dans l'arrangement de ces ſignes, qui en exprimant la penſée la modifient, & lui donnent une empreinte qu'elle n'auroit pas dans un autre arrangement: voilà pourquoi il n'y a dans chaque langue qu'une ſeule maniere de bien exprimer une penſée. Je conviendrai donc ſans peine que la phraſéologie d'une langue étrangére eſt au deſſus de la capacité d'un enfant, qui n'eſt pas à même de l'apprendre par l'uſage familier.

Mais pour ce qui eſt de la formation primitive des ſignes, de leur réduction ſous certaines claſſes, ſuivant leur différentes terminaiſons, comme ce n'eſt qu'une choſe de convention, ce n'eſt auſſi qu'une étude de mots; étude ſouverainement néceſſaire, mais ſouverainement dégoutante pour un âge plus mûr, & dont il convient par conſéquent de faire dévorer l'ennui à l'enfance, qui n'a rien de mieux à faire, ſans quoi on ne s'y fait plus. Cet exercice de memoire mettra un enfant à portée d'étre initié dès l'âge de douze, ou de treize ans dans la lecture des bons Auteurs, où il ſe formera pour la phraſéologie.

Outre cet exercice de mémoire la Grammaire fournit pluſieurs notions qui ſont à la portée des enfans, & que l'on peut regarder comme un commencement de Logique très-propre à mettre de la juſteſſe, & de la préciſion dans leurs idées. C'eſt ainſi qu'on peut leur apprendre à diſtinguer les noms

qui

qui signifient les choses, de ceux qui signifient la qualité des choses; les noms qui signifient des objets réels, de ceux qui signifient des êtres abstraits, formés par l'entendement. On peut leur faire entendre ce que c'est que le sujet, & l'attribut de la proposition, & comment ils sont liés par le verbe substantif; comment les autres verbes ajoûtent à l'idée d'affirmation une idée d'action; ce que c'est que le régime d'un verbe, & cent autres choses de même nature, que les enfans conçoivent très-bien, quand on a soin de les leur expliquer comme il faut, & qui servent également à former la raison, & le langage.

„ C'est pour cacher en ceci l'inaptitude „ des enfans, continue l'Auteur, qu'on les „ exerce par préférence sur les langues mor- „ tes, dont il n'y a plus de juges qu'on „ ne puisse recuser. L'usage familier de ces „ langues étant perdu depuis long tems on „ se contente d'imiter ce qu'on en trouve „ écrit dans les livres, & l'on appelle cela „ les parler.

Mr. Rousseau dit quelque part qu'il aime mieux être homme à paradoxes, qu'homme à préjugés, il ne fait pourtant ici que suivre le préjugé établi par l'autorité de quelques célebres Ecrivains qui ne voudroient plus qu'on écrivit aujourd'hui en latin. La raison sur laquelle ils se fondent, est que si Virgile, & Ciceron pouvoient lire les productions de nos meilleurs Latinistes, ils en riroient à coup sûr, & y trouveroient des phrases bien étranges pour eux.

C'est de quoi je ne doute nullement, mais je doute que la conséquence qu'on en tire, soit bien juste; voici les raisons de mon doute. Quoique le latin soit une langue morte, les gens de lettres y font encore assez de progrés pour sentir réellement les beautés de Ciceron, & de Virgile ; je ne dis pas qu'ils soient à même de pénétrer le genie de cette langue, ni de l'entendre aussi parfaitement qu'on l'entendoit à la Cour d'Auguste, mais assurément le caractere, le goût, la finesse de la langue, ne doivent pas être inconnus à celui qui est capable de sentir, & d'apprécier les plus beaux endroits du Prince des Poëtes, & du Prince des Orateurs. Que celui qui goûte Ciceron sache qu'il a fait des progrés dans le latin, disoit Quintilien. Or il est de fait, qu'il y a aujourd'hui des gens qui possedent assez le latin pour goûter le stile de Ciceron, & le distinguer du stile des Ecrivains de la basse latinité.

C'est un autre fait que ceux qui ont acquis une si parfaite intelligence du latin, ne peuvent s'empêcher d'admirer le stile de Paul Manuce, par exemple ou de Fracastor, & de le trouver si conforme à celui de Ciceron, & de Virgile, qu'ils ont bien de la peine à en reconnoître la différence.

Il y a donc encore aujourd'hui deux maniéres d'écrire le latin, l'une d'un stile qu'on reconnoît d'abord n'être pas latin, l'autre d'un stile, que les meilleurs connoisseurs sçavent à peine distinguer du plus beau latin. Or il y a certainement quelque mérite à sçavoir si bien imiter le stile des anciens, que les plus habiles connoisseurs puissent s'y méprendre.

S'il est à propos d'écrire encore en latin.

Mais à quoi bon, dira-t-on, cette ressemblance de stile qui n'est qu'apparente, & qui laisse toujours lieu de douter de l'exacte conformité? J'avoüe que ce doute est fondé, &

& je ſuis perſuadé que pour apprendre le latin, ce n'eſt point ſur les latiniſtes modernes qu'il faut ſe mouler, mais ſur les originaux. Cependant je répons que pour maintenir le goût de la latinité, il faut qu'il y ait toujours quelques Maîtres qui en faſſent une étude particuliére, & qui la poſſedent ſuperieurement. Or on ne peut bien poſſeder une langue, ſi on ne s'exerce à l'écrire, & perſonne ne voudra s'y exercer, ſi un tel exercice loin d'acquérir de l'eſtime, n'attire que du mépris. Ce n'eſt pas que tous ceux qui veulent apprendre aſſez de latin, pour ſe mettre en état de goûter les bons Auteurs, doivent aſpirer à la gloire d'écrire auſſi purement que Bembe, ou Sadolet: mais il faut du moins qu'ils ſoient inſtruits & dirigés par des Maîtres d'une habileté conſommée, qui leur faſſent ſentir dans la lecture des Auteurs le caractére, & le génie de la langue, & ſupléent par leurs inſtructions au défaut d'un exercice qui ne convient pas à tous. Mais ſi tout le Monde ſe bornoit dans tout un pays à ne vouloir apprendre de latin qu'autant qu'il en faut pour entendre les Auteurs, comptez qu'on ſeroit bien tôt au point de n'en plus connoître les beautés, & de ne point faire de différence entre les Commentaires de Céſar, & les Chroniques de Sigebert de Gemblours.

Combien il importe de conſerver le gout de la latinité.

Il importe cependant de conſerver le goût de la bonne latinité. Le témoignage de dix-huit ſiécles prouve aſſez que Céſar & Ciceron, Virgile & Horace, Titelive & Sallu-ſte ſont de bons modelles. Je ne dis pas qu'il faille s'attacher à les copier ſervilement, & à ne faire que ce qu'ils ont fait. Ce ſeroit peine perduë; car on ne feroit pas

 mieux.

mieux. Mais quelque ſujet qu'on ait à traitter, quelque nouveauté, qu'on ait à produire, ſoit pour la matiere, ſoit pour le plan, on ne peut mieux apprendre que d'eux à penſer, & à écrire ſolidement, à proportionner le ſtile au ſujet, à mettre chaque choſe à ſa place, à développer ſes idées, à les expoſer avec précision, & avec grace, à embellir la nature par des agrémens qui ne ſortent point de la nature. Les anciens n'ont pas épuiſé toutes les formes, toutes les eſpéces poſſibles du vrai, & du beau; mais ils en ont pour ainſi dire fixé les limites; limites qui laiſſent un champ vaſte aux productions nouvelles, & originales des grands génies, mais limites dont on ne peut ſortir ſans donner dans le faux. Lorſque dans une Académie de ſculpture on étale aux yeux des jeunes artiſtes les plus beaux morceaux de l'antiquité Grecque, on ne leur dit pas de ne faire que ce qu'ils voient, mais de ne rien faire que dans le goût de ce qu'ils voient. Il en eſt de même des ouvrages d'eſprit. Dante, Boccace, Petrarque, Arioſte, Caſa, Galilée &c. n'ont enrichi la litterature italienne de ſi beaux ouvrages, que parcequ'ils s'étoient nourris de la lecture des Anciens. Ils ne ſont dévenus de parfaits modéles que parcequ'ils ont été de parfaits imitateurs. En vain auroient ils trouvé dans la fécondité de leur génie, dans les révolutions de leur Patrie, dans les mœurs de leurs ſiécles, dans de nouvelles découvertes de Philoſophie les plus riches matériaux; ils n'auroient pû en compoſer de ſi beaux ouvrages, s'ils n'euſſent appris des Anciens l'art de les mettre en œuvre. L'oubli de l'antiquité dans le dix-ſeptiéme ſiécle fut

ſuivi

ſuivi en Italie d'une extinction preſque totale de litterature en tout genre. Au commencement du dix-huitiéme on eſt revenu aux Anciens, & le goût s'eſt rétabli. C'eſt le ſiécle d'Auguſte, ce ſont les beaux ſiécles de la Gréce, qui ont formé le ſiécle de Loüis XIV.. Les Racine, les Moliere, les Deſpreaux, les Boſſuet, les Fenelon en font foi. On a cherché en d'autres tems à s'affranchir du joug de l'imitation. On a dédaigné de marcher ſur les traces trop battuës des Anciens; les beaux eſprits ont voulu ouvrir de nouvelles routes, n'avoir qu' eux mêmes pour guides, & ſervir de guide aux autres. Y a-t-on beaucoup gagné? A-t-on réellement donné du neuf, ſoit en bien, ſoit en mal? N'eſt-on pas retombé dans l'affectation, dans les Antithéſes, dans les jeux de mot, dans les penſées alambiquées dans les expreſſions guindées, forcées, en un mot dans les mêmes défauts où l'on étoit deja tombé en d'autres ſiécles pour avoir ſubſtitué le caprice à l'imitation. Car il faut bien remarquer que l'eſprit humain eſt limité dans ſes écarts, comme dans ſes progrés. L'Auteur le plus jaloux de ne penſer que d'après ſoi ſe trouvera ſans le ſçavoir à la ſuite de ceux qui auront eû la même fantaiſie avant lui. En vain le gracieux, le riant Fontenelle a parſemé ſes éloges des fleurs les plus charmantes. Elles n'ont pû adoucir la rudeſſe de ces pointes brillantes qui arrêtent l'eſprit à chaque inſtant. Il ſurprend à la premiere lecture, & fatigue à la ſeconde. Il y paroît plus attentif à ſe montrer lui même qu'à expoſer le ſujet qu'il traite. Cependant le ſuprême talent d'écrire eſt de faire oublier l'Auteur en faveur de l'ouvrage.

Il faut qu' il trouve le fécret d' intereffer le Lecteur pour l' objet qu' il lui préfente, qu' il l' y attache continuellement fans fonger à le détourner pour fe faire admirer lui même. Il eft pourtant vrai que le ftile précieux pourra trouver des admirateurs dans un tems où la réputation littéraire dépendra moins des connoiffeurs que d' une foule de curieux, qui ne lifent que pour s' amufer, & qui par cela même font cenfés ne connoître rien de mieux. Mais des hommes accoûtumés aux beautés folides des anciens, n' auront garde d' y renoncer pour courir après les faux brillans d' une imagination qui s' égare.

L' étude de l' antiquité doit donc être regardée comme une des plus fortes barriéres qu' on puiffe oppofer à la dépravation du goût. Elle fervira de préfervatif aux écrivains médiocres, & mettra les grands génies en état de fervir eux mêmes de modéles à la poftérité. Il importe donc de conferver le goût de la bonne latinité dans une nation; & c' eft ce qui ne fe peut faire à moins qu' on ne s' y applique de bonne heure, & qu' on ait foin d' encourager par l' eftime publique ceux qui s' y dévoüent, & qui fe mettent à même d'écrire en latin avec autant de pureté, & d' élegance que les modernes qui ont acquis le plus de réputation par cet endroit.

Mais dit-on encore; on trouve une foule de modernes qui paffent pour avoir fait de beaux vers latins, & qui n' ont jamais réuffi à faire un bon vers François, marque certaine que ces vers latins qu' on eftime, ne paroiffent beaux, que parcequ' on n' eft pas en état d' en juger: puifque ces mêmes écri-

vains

vains ne réussissent point dans une langue où l'on peut apprécier leur mérite.

Est il-donc bien vrai qu' il soit si aisé de réussir à faire des vers latins? Trouve-t-on beaucoup d' écrivains qui égalent les Fracastor, les Sannazare, les Vida? Le celébre Muret imposa à Scaliger, en publiant, sous le nom d' un Ancien, des vers de sa façon: mais il faut avoüer que peu de gens seroient en état de faire des vers dans le goût de ceux de Muret.

Le peu de succés de quelques Versificateurs François dans leur propre langue, ne prouve pas qu' ils n' aient pû réussir en latin. On dit que Ménage, & Regnier Desmarais n' ont rien fait que de médiocre en françois: ils ont réussi en italien, langue vivante qui ne manque pas de bons juges. Seroit-ce que la langue françoise fut peut-être moins poëtique que l' italienne, ou la latine?

Le principal Auteur de l' objection paroît fournir lui même la réponse dans un de ses discours: *Nous nous sommes*, dit-il, *interdits nous mêmes insensiblement presque tous les objets, que d' autres nations ont osé peindre. Il n' est rien que le Dante n' exprimât à l' exemple des anciens: il acoûtuma les Italiens à tout dire; mais nous comment pourrions nous aujourd'hui imiter l' Auteur des Géorgiques, qui nomme sans détour tous les instrumens de l'agriculture? A peine les connoissons nous &c.* Cet Auteur se plaint des bornes étroites dans lesquelles la langue françoise se trouve resserrée par rapport à la Poësie. Il n' est donc pas étonnant que des Ecrivains aient réussi en latin dans des genres où ils auroient échoué, s'ils eussent entrepris d' écrire en françois.

Il paroît même en général que les langues qui ont une certaine varieté harmonique de tours, & de construction facilitent par une sorte de liaison machinale le développement des pensées: un homme rumine un discours en latin, il a de ces pensées vagues, & confuses, qui ne sont point encore assez déterminées pour donner lieu ni au choix des expressions convenables, ni à l'arrangement d'une periode: il se présente à l'esprit comme un commencement de phrase qui pourroit convenir, mais dont on a bien de la peine à trouver la suite, parcequ'on n'a pas les idées précises qu'il faudroit exprimer. Dans cet embarras c'est la langue même qui vient quelque fois au secours de l'Ecrivain, qui la posséde superieurement. La pensée obscure qu'il roule dans sa tête lui présente quelques termes. Ces termes se trouvent liés dans les Auteurs de mille façons différentes, pour former les différens tours, dont la langue est susceptible. En se rappellant ces différens tours, on est quelque fois assez heureux pour trouver celui qui convient, c'est à dire celui qui renferme la pensée que l'on cherchoit, exprimée de la maniere la plus convenable, ou une pensée qui se liant naturellement à celle que l'Ecrivain a deja dans sa tête, lui fournit le moyen de continuer.

On peut joindre ici une réflexion encore plus générale, c'est qu'en quelque langue que ce soit, morte ou vivante, il est souvent plus aisé de saisir le stile rélevé que le stile familier. La raison est que le stile rélevé est un stile d'appareil reservé pour des occasions extraordinaires. L'oreille, n'y étant point si acoutumée, est moins sensible aux tours irréguliers qui s'y glissent; on s'attend

à

à un langage au dessus du commun: une faute heureuse passera quelque fois pour une beauté. Il n'en est pas de même du stile familier. Les oreilles en sont trop rebattuës pour n'être pas blessées de la plus legére inexactitude. Un tour qui n'est pas d'usage, est d'abord senti, & il est mauvais précisement, parcequ'il n'est pas d'usage. Une phrase irréguliére ne sera presque pas aperçuë dans une tragédie: le peuple juge né du langage des hommes, n'ose presque juger du langage des Dieux. Le stile sublime permet des figures hardies qui servent également à produire des beautés, ou à couvrir des défauts. Des Sçavants de profession ont relevé des fautes contre l'exactitude du langage dans Bossuet, dans Pascal, dans plusieurs Ecrivains du premier ordre. Mais c'est peut-être moins l'oreille que la Grammaire qui est choquée de ces défauts. Il n'en sera pas de même du langage que l'on mettra dans la bouche d'un Bourgeois, ou d'une servante dans une comédie; il faut qu'ils parlent la langue du peuple, rien ne peut échapper. On sera revolté de tout ce qui n'est pas autorisé par l'usage commun. C'est la raison pourquoi un homme obligé d'écrire dans une langue vivante étrangére a souvent plus de difficulté à s'exprimer sur les sujets les plus simples, que sur ceux qui exigent un peu plus d'élevation dans le stile. Par la même raison il sera peut-être moins difficile à un moderne d'imiter Ciceron, sur tout dans ses ouvrages de Philosophie, que de bien écrire dans le stile de Plaute, ou de Terence. Les Universités d'Italie ont l'avantage d'avoir des Professeurs qui font briller leur éloquence en chaire, & qui n'auroient

pas

pas la même facilité à parler familiérement le latin.

J'ajoûte que les Auteurs de l'objection ne cessent de répéter qu'il ne faut donner l'exclusion à aucun genre, que rien n'est plus pernicieux que de vouloir borner la carriere des arts, qu'on ne sçauroit trop multiplier tout ce qui peut donner du plaisir. Or je pose en fait, que tout homme capable de goûter Virgile ne pourra que trouver du plaisir dans la lecture de l'Antilucréce. Pourquoi-donc vouloir tarir la source d'un plaisir si innocent?

Mr. Rousseau ajoûte (p.248.) „Les têtes „ se forment sur les langages, les pensées „ prennent la teinte des idiomes. La raison „ seule est commune. L'esprit en chaque „ langue à sa forme particuliére: différence „ qui pourroit bien être en partie la cause, „ ou l'effet des caractéres nationaux; & „ ce qui paroît confirmer cette conjecture, „ est que chez toutes les nations du Monde „ la langue suit la vicissitude des mœurs, „ & se conserve, ou s'altére comme elles.

La réflexion est philosophique; Sénéque l'avoit fait avant nôtre Auteur; elle fait le sujet d'une de ses plus belles lettres. Autre puissante raison pour initier les jeunes gens dans l'étude des langues anciennes. Bornons-nous au latin. *Les têtes*, dit l'Auteur, *se façonnent sur les langages, les pensées prennent la teinte des idiomes*. Si cela est vrai, quelle heureuse teinte d'esprit ne prendra pas un jeune homme dans la lecture des Anciens? Quelle netteté, quelle précision dans les Commentaires de César! mais en même tems quelle noblesse dans les sentimens, quelle élevation dans les pensées! La grande ame de

César

César s'y montre à découvert. Il y parle des plus grandes affaires avec la plus grande simplicité ; il semble que ce n'est point un fardeau pour lui de conduire des entreprises dont dépend le destin de l'Univers.

Quoi de plus important que de mettre de bonne heure un jeune homme à portée de recevoir par la lecture des plus grands Ecrivains les impressions les plus propres à élever l'ame, en lui faisant éprouver, & comme goûter la noblesse des sentiments dont elle est susceptible !

Plaçons ici cette autre réflexions de Mr. Rousseau. „Réfferez-donc, dit-il (p. 131.) „ le plus qu'il est possible le vocabulaire de „ l'enfant. C'est un très-grand inconvenient „ qu'il ait plus de mots que d'idées, qu'il „ sache dire plus de choses qu'il n'en peut „ penser. Je crois qu'une des raisons pour„ quoi les païsans ont généralement l'esprit „ plus juste que les gens de Ville, est que „ leur dictionnaire est moins étendu. Ils ont „ peu d'idées, mais ils les comparent très„ bien.

Il est assez vrai que les enfans des villageois ont généralement le sens plus rassis que les enfans de bonne maison qu'on éléve dans les Villes. J'en ai cherché autrefois la raison ; je n'ai pas eû l'esprit de songer au plus, ou au moins d'étenduë du vocabulaire. Voici à quoi je me suis arrêté. Il m'a parû que les enfans des villageois sont menés plus sérieusement que les autres. Sitôt qu'ils sont en âge de penser & d'agir, on les assujettit à une vie laborieuse & reglée, à une suite d'opérations, qui n'ont rien de rélevé, mais qui ont pourtant une certaine liaison, qui oblige l'esprit à une suite reglée de combinaibinaiſons. Il faut que l'enfant mene paître le troupeau, qu'il aille ramaſſer des brins de bois, qu'il aide ſuivant ſes forces le pere & la mere dans les fonctions de leur ménage. Dans tout ce qu'on lui fait faire, dans tout ce qu'il voit faire aux autres, il diſcerne aiſément le bût qu'on ſe propoſe, & la convenance des moyens qu'on employe pour y parvenir. Cette ſuite méthodique d'opérations eſt bien propre à mettre une ſuite méthodique dans ſes penſées. C'eſt un cércle d'idées très-reſſerré à la vérité, mais tout y eſt en ordre. Il n'en eſt pas de même des enfans d'une condition plus rélevée. A l'âge où l'on fait travailler ſérieuſement les villageois, on ne ſonge encore qu'à les amuſer. Pour les amuſer il les faut diſtraire, c'eſt à dire leur préſenter une foule d'objets qui ſe ſuccedent ſans aucune liaiſon, qui les tiennent toujours comme hors d'eux mêmes, & les acoûtume à jouir plûtôt qu'à réfléchir. Les petits villageois ſont quelque fois dans la néceſſité de s'evertuer, de mettre leur eſprit à la torture pour trouver les moyens de pourvoir à quelque béſoin réel, de rémédier à quelque inconvenient, & de remplir la tâche qu'on leur impoſe. Les autres ne ſont preſque jamais dans ce cas, ils jouent, ils caſſent, ils briſent, ils ſe diſſipent, & voilà tout.

On a ſoin dans la ſuite d'interrompre leurs amuſements par quelques études, & quelques pratiques de Religion. C'eſt ce que l'on fait de mieux à leur égard; c'eſt une ſemence qui demeure couverte au commencement, mais qui ne manque guêres de germer, & de produire des fruits en ſon tems. Cependant les enfans ne voyent point à quoi

ſe

ſe rapportent les études qu'on exige d'eux; ils ne conçoivent point quel rapport il y a par exemple entre la Grammaire, & la Magiſtrature, ou les autres emplois à quoi on les deſtine. Ils ne conçoivent pas mieux quelles ſont les fonctions attachées aux charges dont leurs parens ſont revétus, & qu'ils voyent exercer ſous leurs yeux. Ne ſachant ainſi le pourquoi ni de ce qu'ils font, ni de ce qu'ils voyent faire, ils ſont hors d'état de ſe rendre aucune raiſon à eux mêmes de la conduite qu'on leur fait tenir. La diſproportion qu'il y a entre le bût, pour lequel on les éléve, & l'état actuel de leurs connoiſſances ne leur permet guêres de ſentir l'ordre que l'on met dans la ſuite de leurs occupations, & cet ordre qu'ils ne connoiſſent point, ne ſert que très-peu pour mettre de la ſuite dans leurs idées. C'eſt ainſi que les petits villageois doivent l'emporter juſqu'à un certain âge pour la ſolidité ſur les enfans de Ville, dont l'enfance doit néceſſairement durer plus long tems.

Mais paſſé un certain âge la choſe change de face à l'égard d'un certain nombre; je dis à l'égard d'un certain nombre, car il en eſt qui ſoit petiteſſe de génie, ſoit défaut eſſentiel d'éducation, ne quittent jamais leur premier eſprit de frivolité, & ne font que lui ſubſtituer d'autres objets. Dela viennent ces hommes agréables, qui ne ſont rien chez un peuple ſage, qui ſont tout chez un peuple corrompu. En vain chercheroit-on dans ces têtes légeres quelques traits de juſteſſe & de ſolidité; c'eſt une enfance continuée juſqu'à la vieilleſſe. Mais il en eſt d'autres dont la raiſon ſagement cultivée ſe fortifie peu à peu par les connoiſſances, qu'

ils

ils acquiérent dans le cours de leur éducation. L'étendue de leur vocabulaire, c'est à dire la multitude, & la varieté de leurs idées les met à portée d'apercevoir un plus grand nombre de rapports entre les objets, de les déterminer avec plus de précision, de les combiner par consequent avec plus de justesse. Qu'est-ce que le bon sens des païsans, la finesse même qu'ils laissent entrevoir dans leurs petits interêts, si on la compare à l'etenduë & à la justesse des vuës, que l'on remarque communement dans les personnes qui ont cultivé leur esprit par des études solides, & qui s'exercent dans les emplois de la vie civile. Ce seroit comparer la routine grossiére d'un simple manouvrier à l'intelligence d'un habile Machiniste. Ce n'est point par le défaut des idées que l'on peut parvenir à perfectionner la raison; c'est par l'ordre que l'on met dans ces idées.

De l'Histoire.

L'étude de l'Histoire est aussi une de celles que Mr. Rousseau interdit aux enfans, & c'est toujours en suivant sa maniére de raisonner; les enfans n'entendent pas tout dans l'Histoire, donc ils n'y entendent rien. Mr. Rousseau convient (p.248.) que *si l'étude des langues n'étoit que celle des mots, cette étude pourroit convenir aux enfans*. Or le Catalogue des noms des Rois, des Empereurs, des Pontifes, des Chefs des Nations, des Monarchies qui se sont succedé, ou qui ont existé parallelement, n'offre qu'un simple recueïl de mots: cette étude pourra donc convenir aux enfans. *Mais que sert*, replique-t-il (p. 258.) *d'inscrire dans leur tête un Catalogue de signes qui ne représentent rien pour eux? En apprenant les choses n'apprendront-ils pas les signes? Pourquoi leur donner la peine inutile*

inutile de les apprendre deux fois? C'est qu'il est plus aisé d'inscrire un Catalogue de signes dans la tête d'un enfant, que dans la tête d'un homme avancé en âge; c'est que ces catalogues de signes qui se sont gravés, dès le plus bas âge, ne s'éffacent presque jamais plus. Qu'un enfant ait appris, & bien retenu la suite des noms des Rois, des Empereurs &c., quelle facilité n'aura-t-il pas dans la suite en lisant les Auteurs originaux à rapporter chaque événement à sa place, à ranger les faits dans leur ordre naturel, à saisir d'un coup d'œil les révolutions contemporaines des différens Païs, pour en mieux connoître le rapport, & la liaison? *Les mots de l'Histoire ne sont pas l'Histoire.* (p. 261.). Je l'avouë; mais ce sont des préparatifs qui mettent un enfant à même d'entreprendre l'étude de l'Histoire avec plus de fruit. Ce n'est pas peine perduë.

„ On s'imagine, dit-il (p. 252.), que
„ l'Histoire est à leur portée, parcequ'elle
„ n'est qu'un recueïl de faits; mais qu'en-
„ tend-on par ce mot de faits? Croit-on que
„ les rapports qui déterminent les faits hi-
„ storiques, soient si faciles à saisir, que les
„ idées s'en forment sans peine dans l'esprit
„ des enfans?

Ces rapports ne sont pas tous de la même nature; il en est de plus, & de moins faciles à saisir. Envain prétendriez vous qu'un enfant vous suivit dans les sombres détours de l'artificieuse politique de Tibere, ou de Cromwel, il n'y verroit rien; mais l'Histoire fournit une infinité d'événemens très-frappans, très-simples dans leurs causes, & dans leurs effets, par conséquent très-instructifs pour les enfans, Mr. Rousseau pour

appu-

appuïer sa Thése rapporte l'avanture comique d'un enfant qui débita de très-bonne grace en sa présence le trait connu d'Alexandre à l'égard du Médecin Philippe. Cet enfant admiroit plus que personne le courage d'Alexandre. Mais où voyoit-il ce courage? C'est ce que le seul Mr. Rousseau sçût tirer de lui. *Le pauvre enfant avoit pris une médecine, il n'y avoit pas quinze jours, il en avoit encore le déboire à la bouche. Il admiroit Alexandre d'avoir avalé d'un seul trait un breuvage de mauvais goût, sans hésiter, sans marquer la moindre répugnance ...... La mort, l'empoisonnement ne passoient dans son esprit que pour des sensations désagréables, & il ne concevoit pas pour lui d'autre poison que du séné*. Preuve que les enfans ne conçoivent pas ce qu'ils paroissent le mieux entendre; je ne doute pas du fait, puisque Mr. Rousseau le rapporte. Mais étoit-ce la faute de cet enfant, s'il n'avoit pas compris ce que sans doute on lui avoit mal expliqué? Est-il donc si difficile de faire comprendre à un enfant ce que c'est que mort, & qu'empoisonnement? Etoit-il impossible de lui expliquer moyennant un détail bien circonstancié (car c'est ce qu'il ne faut pas épargner avec les enfans) la perplexité d'Alexandre qui se voyant malade, à la veille d'une bataille, souhaitoit ou guerir promptement, ou mourir plûtôt que tomber entre les mains des Perses: de lui exposer ensuite le trouble que dût lui causer la lettre de Parménion, & enfin de lui faire comprendre comment le parti qu'il prit d'avaler le breuvage étoit un effet, partie de l'impatience causée par la perplexité où il se trouvoit, partie de la confiance qu'il avoit en un Medecin, dont il avoit experimenté depuis ſi long tems l'attachement, & la fidélité.

Je pourrois citer des traits frappans, & bien conſtatés qui prouveroient que les enfans ont plus d'aptitude pour l'Hiſtoire, que Mr. Rouſſeau ne leur en ſuppoſe, qu'ils ſont capables de pénétrer juſqu'à un certain point les rapports qui déterminent les faits hiſtoriques, de ſaiſir la liaiſon des cauſes, & des effets, la reſſemblance, & l'oppoſition des caractéres, de ſentir où ils ſe soûtiennent, & où ils ſe démentent.

Sans aller ſi loin, ne ſuffit-il pas que tous les traits de l'Hiſtoire qui forment des tableaux, ſoient à leur portée? Quand ces traits ne feroient que les amuſer, pourroit-on trop multiplier cette eſpéce d'amuſement? Mais ils font plus: ce ſont des commencemens d'erudition, qui préparent les voyes à une étude plus profonde: ce ſont des ſujets ſur leſquels ils peuvent commencer à exercer utilement la faculté de combiner des idées, c'eſt-à-dire la faculté de raiſonner, & il eſt rare qu'on n'en puiſſe tirer quelque inſtruction ſolide pour les mœurs. Rien de plus utile à cet égard que de leur montrer la vertu, & le vice en action, rien de plus propre pour leur faire ſentir la beauté de la vertu, & la difformité du vice.

De la méthode d'étudier l'hiſtoire. Des abrégés.

Mais il importe de ne pas ſe méprendre dans la méthode. Point de petits abrégés: Les abrégés, comme on l'a remarqué dans l'Encyclopedie, ſont bons pour réveiller les idées qu'on a deja, ils ne valent rien pour ceux qui ont beſoin d'en acquerir, les abrégés ne ſont donc pas faits pour les enfans.

S'il faut commencer par l'Hiſtoire de ſon Pays

D'autres diſent qu'il faut étudier, avant tout, l'Hiſtoire de ſon Païs, parceque c'eſt celle qu'il importe le plus de ſçavoir. Il eſt vrai que c'eſt l'Hiſtoire qu'il faut ſçavoir le mieux ; mais il ne s'enſuit pas qu'il faille commencer par là. L'Hiſtoire de quelque Païs que ce ſoit, préſente à chaque page des guerres, des traités de paix, d'alliance, de commerce avec les Etats voiſins. Elle vous apprend ce que vous avez fait chez l'étranger, ce que l'étranger a fait chez vous. Pour juger du degré de force, de richeſſe, de puiſſance d'un Etat, il faut le comparer aux autres Etats.

Les révolutions d'un Païs ont été ſouvent amenées par les changemens ſurvenus en d'autre Païs. L'hiſtoire n'eſt pas le tableau d'une choſe abſoluë, & iſolée, elle eſt, comme le Monde, une ſuite de mutations rélatives à d'autres mutations. Vous ne ſçauriez-donc bien concevoir la nature des événemens qui ſe ſont paſſés chez vous, ſans une connoiſſance ſuffiſante des révolutions étrangéres qui ont influé ſur celles de vôtre Patrie. Rapportez toute autre hiſtoire à celle de vôtre Nation ; qu'elle faſſe l'objet principal de vos recherches : cela eſt bien, mais mettez vous en état de l'entendre, avant que d'entreprendre de l'étudier.

S'il faut commencer par l'Hiſtoire moderne.

D'autres ont pouſſé l'innovation juſqu'à dire qu'il falloit renverſer l'ordre des tems, en commençant par l'hiſtoire moderne, & remontant à l'hiſtoire ancienne. Ils ſe fondent ſur ce que l'hiſtoire moderne eſt celle qui nous intereſſe davantage. Cette raiſon eſt bonne, mais elle prouve contre eux. L'hiſtoire moderne nous intereſſe plus que l'ancienne, parcequ'elle a plus d'influence ſur le courant des affaires. Donc pour être en en état d'en profiter il faut sçavoir ce que c'est que les affaires : & c'est ce que les jeunes gens ne sçavent pas, faute d'expérience.

Division de l'Histoire en quatre Epoques.

Je voudrois partager l'Histoire en quatre Epoques principales, laissant à part les soûdivisions. La premiere comprendroit toute l'Histoire ancienne jusqu'à la chûte de l'Empire d'Occident causée par l'innondation des Peuples barbares. Ce sont les loix, les mœurs, les usages que ces Peuples portérent dans les différentes Contrées qu'ils occupérent, qui ont interrompu en quelque sorte le cours de l'influence que devoient avoir les événemens de l'Histoire ancienne sur ceux des temps postérieurs. Leur arrivée fut l'Epoque de l'établissement d'un nouveau sistême qui changea la face de l'Europe.

La seconde Epoque seroit depuis l'innondation des Peuples Septentrionaux, jusqu'au tems où les Peuples d'Europe allerent innonder l'Asie, c'est-à-dire jusqu'au tems des Croisades. L'établissement, & les révolutions des Peuples du Nord dans les différens Païs qu'ils conquirent, méritent plus d'attention qu'on ne pense. C'est dans leurs mœurs, & dans leurs opinions qu'il faut chercher la source de certains usages, & de certains préjugés, qui dominent encore à présent même chez les Peuples les plus policés. Le sistéme des choses seroit un enigme, à quelques égards, pour un Philosophe qui ne remonteroit pas à cette source. Le gouvernement original de ces Peuples étoit une Aristocratie informe, où des Militaires sans discipline avoient en commun l'autorité de faire des loix, & retenoient en particulier le pouvoir d'y désobéir, Ils se croïoient

ſur les découvertes de l'Aſtronomie. Dites à bien des gens que les montagnes de la Lune ſont plus hautes que celles de la Terre vous les voyez qui rient, & vous demandent d'un ton ironique, ſi vous y avez été. Ils ne conçoivent pas qu'on puiſſe ſçavoir ce qu'il y a dans la Lune, tandis qu'on ignore un infinité de choſes, qui ſe paſſent ſous nos yeux. Ces honnêtes gens ne ſçavent pas que ce n'eſt ni la proximité, ni la diſtance locale des objets qui les approche, ou les éloigne de nos conceptions, que c'eſt uniquement la ſuffiſance, ou le défaut des moyens que nous avons pour les connoître, & pour en juger. J'ignore ce qui ſe paſſe aujourd'hui dans la maiſon de mon voiſin, qui habite ſous le même toit; & je ſçais ce qui ſe paſſoit il y a près de deux mille ans dans la maiſon de Ciceron, que ſa mere, par exemple, bonne ménagere avoit la précaution de ſceller les bouteilles qu'on vuidoit, en les remettant avec les autres, de peur qu'il ne prit envie aux domeſtiques d'en décoiffer quelques unes, & de dire que c'étoit de celles qu'on avoit vuidées. C'eſt dans les lettres mêmes de Ciceron que l'on trouve cette particularité. Les affaires de l'Etat ſe décidoient à Athénes, & à Rome dans l'aſſemblée du peuple. Le ſécret ne pouvoit être gardé. Les Hiſtoriens contemporains étoient donc bien inſtruits de ce qu'ils écrivoient, au lieu que maintenant les affaires publiques ſe traitent dans des Conſeils, d'où pour l'ordinaire, il ne tranſpire rien, de ſorte qu'à bien des égards on eſt à portée d'être mieux inſtruit des interêts politiques des anciennes Républiques, que de l'état préſent des affaires de l'Europe.

Mais

Mais il est une autre Histoire qu'on ne peut se dispenser de faire connoître aux enfans, Histoire, dont il est étonnant que Mr. Rousseau ait méconnû l'excellence & l'utilité: c'est l'Histoire Sainte, le seul livre qui fournisse des leçons également proportionnées aux plus sages, & aux plus simples, où les prémiers trouvent les lumieres d'une sagesse supérieure à toute Philosophie; les autres des instructions solides, qui leur donnent l'intelligence dont ils ont besoin pour se conduire. C'est ce livre divin qui nous apprend à entendre le langage des Cieux qui publient la gloire du Créateur. La Majesté de l'Etre Supréme, sa puissance, sa Divinité s'y annoncent par la grandeur de ses œuvres. L'Univers qui sort du néant, la Terre abymée sous les eaux du déluge, la Mer qui s'ouvre, le Soleil arrêté dans sa course, semblent montrer la main du Tout-puissant suspenduë sur toute la nature, main redoutable, & bienfaisante qui lance la foudre, & qui répand la lumiére, qui abbaisse l'homme devant son Créateur par le spectacle étonnant de ses merveilles, & qui l'éléve à lui par les sentimens de confiance, & d'amour que sa providence lui inspire. D'un' autre côté quelle lecture plus admirable pour un Philosophe, plus charmante, plus instructive pour des enfans, que toute la suite de l'Histoire du Peuple de Dieu? Quelle abondance, quelle varieté d'événemens! Quel mélange de grandeur & de simplicité dans la vie des Patriarches! Jamais l'homme ne fut peint avec plus de verité. Les mouvemens de la simple nature s'y développent comme d'eux mêmes, & s'y représentent par les traits qui les caractérisent tels qu'ils sont, sans altéra-

De l'Histoire Sainte.

tération, ſans contrainte, ſans déguiſement. L'Ecrivain profane qui a le mieux réuſſi dans ce genre, le divin Homere n'approche pas de ce caractére de candeur. La richeſſe de ſa poëſie en rélevant tout ce qu'il peint, y imprime toujours quelque teinte du feu de ſon enthouſiaſme, quelque couleur étrangére qui n'eſt pas dans le fond même de la choſe. Dans l'Hiſtorien ſacré c'eſt la nature qui parle, qui agit; dans Homere c'eſt le Poëte qui peint la nature. Toutes les objections que fait l'Auteur contre l'étude de l'Hiſtoire tombent à l'égard de celleci. Ces objections ſe réduiſent à la difficulté de ſaiſir les rapports qui déterminent les faits hiſtoriques. Ces rapports dans l'Hiſtoire Sainte ſont de la derniere ſimplicité. Les enfans les conçoivent aiſément; ils y apprennent de plus à aimer Dieu, & à le craindre; ils y apprennent à reconnoître, & à démêler les diſpoſitions foncieres, & primitives du cœur humain. Quelle ſource de ſageſſe, & de pieté!

De la Géographie

La Géographie a un rapport eſſentiel à l'Hiſtoire. Auſſi l'Auteur ne manque pas de la proſcrire de ſon plan d'éducation. Il diroit d'aſſez bonnes choſes ſur ce ſujet, s'il n'outroit tout ce qu'il dit: „ En quelque
„ étude que ce puiſſe être (p. 250.) ſans
„ l'idée des choſes repréſentées les ſignes
„ repréſentant ne ſont rien. On borne pour-
„ tant toujours l'enfant à ces ſignes, ſans
„ jamais pouvoir lui faire comprendre aucu-
„ ne des choſes qu'ils repréſentent. En
„ penſant lui apprendre la deſcription de la
„ Terre on ne lui apprend qu'à connoître
„ des cartes. On lui apprend des noms de
„ Villes, de Païs, de Rivieres qu'il ne con-

„ çoit

„ çoit pas exister ailleurs que sur le papier
„ où on les lui montre ..... je pose en fait
„ qu' après deux ans de sphere, & de cosmographie il n' y a pas un seul enfant de
„ dix ans, qui sur les régles qu' on lui a
„ données, sçût se conduire de Paris à Saint
„ Denis ..... Voilà ces Docteurs qui sçavent
„ à point nommé, où sont Pekin, Ispahan,
„ le Mexique, & tous les Païs de la Terre.

L' Auteur dit que les enfans (& il parle d' enfans de dix ans) ne conçoivent pas que les Païs, les Villes, les Rivieres dont ils apprennent les noms, existent ailleurs que sur le papier, où on les leur montre. Cela me paroît extraordinaire, & j' avouë que je n' y entens rien.

Que la vuë d' un globe, ou d'une mappemonde ne suffise pas pour donner à un enfant une idée juste du globe terrestre, qu' il ne conçoive pas comment il doit rapporter la carte qu' il a sous ses yeux, à la terre qu' il a sous ses pieds, c'est ce que j' accorde sans peine. Mais il ne suit pas de là qu'il soit inutile de lui apprendre à connoître la carte; qu' un enfant ait sa mappemonde bien gravée dans la tête, il viendra un tems où il sçaura comment la mappemonde représente le globe terrestre; dès ce moment, & sans autre étude il sçaura rapporter sur la surface du globe terrestre, les Païs, les Villes, les Riviéres que son imagination lui représentera tracées sur la carte, & la position qu'ils y occupent lui sera comprendre aussitôt quelle est leur véritable position sur le globe.

L' Auteur pose en fait qu' après deux ans de sphere, & de cosmographie, il n' y a pas un seul enfant de dix ans, qui sur les régles qu' on lui a données, sçut se conduire de

Paris à Saint Denis : chofe dont je ne doute nullement ; & comme s'il eût tout prouvé, il conclut d'un ton ironique : „ Voilà les „ Docteurs qui fçavent à point nommé où „ eft Pekin , Ifpahan &c.

Je ne vois pas ce qu'une promenade de Paris à Saint Denis peut avoir de commun avec un cours de Sphere, & de Cofmographie. Je crois qu'on ne confulte guêres les degrés de latitude, & de longitude pour une fi petite courfe, & qu'on ne la dirige point fur les mêmes principes qu'un voyage en Chine, ou au Mexique, c'eft une affaire de Topographie, plus que de Cofmographie. Le plus habile Cofmographe pourroit s'y méprendre. Deux chemins aboutiffans à un angle fort aigu fuffiront pour l'embaraffer, faudra-t-il qu'il prenne fes inftrumens, ou qu'il confulte les tables pour fçavoir s'il doit prendre à droite ou à gauche? Un enfant peut avoir acquis des connoiffances utiles en fait de Géographie fans être à même de fe conduire d'une Ville à l'autre.

Je fuis pourtant bien éloigné de penfer qu'un cours formel de Géographie foit à la portée des enfans. Il faut d'abord diftinguer la Géographie fcientifique, telle qu'eft celle de Varenius, perfectionnée par Newton, de la Géographie hiftorique, qui confifte à reconnoître fur la carte les lieux dont il eft parlé dans l'Hiftoire. La prémiere qui comprend la Cofmographie fuppofe beaucoup de connoiffances de Géometrie. Les abrégés qu'on en donne à la tête de plufieurs livres, ne font pour la plus part que de belles inutilités ; on perd beaucoup de tems à les étudier, on ouvre enfuite des livres tant foit peu plus profonds, & on n'y entend rien.

Pour

Pour sçavoir quelque chose il faut recommencer à nouveaux fraix; il n'en est pas de même de la Géographie historique; on ne sçauroit en contester l'agrément, & l'utilité. Les enfans réconnoîtront avec plaisir sur la carte les endroits dont ils entendent parler dans l'Histoire, ils seront charmés de suivre Alexandre, & Annibal dans leurs expéditions: la suite des lieux, & la suite des événemens se lieront mutuellement à la faveur l'une de l'autre par l'identité de l'impression. L'Histoire rendra la Géographie plus interessante, & la Géographie prêtera plus de clarté à l'Histoire. Par ce moyen on parvient bien plus sûrement, & plus facilement à faire apprendre aux enfans la position des lieux sur la carte, qu'en les y appliquant par une étude suivie comme on a coûtume de le pratiquer. Une longue liste de noms inconnus ne sçauroit les interesser; au lieu qu'ils s'y arrêtent avec plaisir à mésure que l'Histoire les amêne sous leurs yeux.

Mais avant que de faire usage des cartes particuliéres rélatives à l'Histoire, il faut avoir eû la précaution de donner aux enfans une idée succinte de la mappemonde pour les mettre en état d'y rapporter la carte dont on doit se servir, & de reconnoître quelle est la position, & l'étenduë du Païs qu'on va parcourir à l'égard du reste de l'Univers. Rien de plus aisé que de rendre agréable à un enfant cette étude préliminaire. L'enfant sçait, par exemple, que son pere a voyagé en France, en Espagne, en Angleterre; avec quelle avidité n'écoute-t-il pas le récit de ses aventures en différentes Villes! Quel plaisir ne lui fera-t-on pas à lui montrer ces Villes sur la carte! Il aime le caffé, le sucre &c., on lui fait voir les endroits d'où on les tire &c.

Les cartes ne doivent être ni trop chargées ni trop nuës. Une carte trop remplie cause de la confusion : une carte trop nuë ne sert de rien. En voulant trop simplifier on se prive de plusieurs points de comparaison, qui facilitent l'étude de la Géographie, loin de la rendre plus embarassée. Une Ville sur un fond tout uni ne présente à l'esprit qu'un point isolé, où on ne conçoit rien ; une Ville rapportée à d'autres Villes donne des idées: toutes nos connoissances sont fondées sur des comparaisons. Il faut que les chaînes des Montagnes, les Fleuves principaux, les limites soient bien marqués. C'est un inconvenient qu'un enfant qui a la carte de la France sous les yeux ait peine à distinguer l'Espagne, des Mers qui l'environnent de côté, & d'autre.

De la Géometrie

Revenons pour un moment à la reforme proposée par Mr. Rousseau dans l'étude de la Géometrie. „ J'ai dit (p. 378.) que la „ Géometrie n'étoit pas à la portée des en„ fans, mais c'est nôtre faute. Nous ne sen„ tons pas que leur méthode n'est point la „ nôtre, & que ce qui dévient pour nous „ l'art de raisonner, ne doit être pour eux „ que l'art de voir. Au lieu de leur donner „ nôtre méthode nous ferions mieux de pren„ dre la leur ..... Faites des figures exactes, „ combinez-les, posez-les l'une sur l'autre, „ examinez leurs rapports, vous trouverez „ toute la Géometrie élémentaire en mar„ chant d'observation en observation, sans „ qu'il soit question ni de définitions, ni de „ problémes, ni d'aucune autre forme de „ démonstration que la simple superposition. „ Pour moi je ne prétens point apprendre la „ Géometrie à Emile, c'est lui qui me l'ap-

„ pren-

„ prendra, je chercherai les rapports, & „ il les trouvera, car je les chercherai de „ maniére à les lui faire trouver. Par exem- „ ple, au lieu de me ſervir d'un compas pour „ tracer un cercle, je le tracerai avec une „ pointe au bout d'un fil tournant ſur un „ pivot. Après cela quand je voudrai com- „ parer les rayons entre eux, Emile ſe mo- „ quera de moi, & il me fera comprendre „ que le même fil toujours tendu ne peut „ avoir tracé des diſtances inégales.

Faire des figures exactes, les combiner, les poſer l'une ſur l'autre, en examiner les rapports par des recherches qui mettent Emile à portée de les trouver lui même; rien de plus avantageux. Supprimer toute la ſuite des definitions, des propoſitions, des démonſtrations; c'eſt en quoi l'Auteur a viſiblement tort: je dis qu'il a tort; car aſſûrément ce n'eſt qu'à tort qu'on peut blâmer une méthode, qui a produit d'auſſi grands Géometres, & en auſſi grand nombre que ceux qui ont exiſté, & qui exiſtent encore aujourd'hui. La bonté d'une méthode ſe connoît par les effets.

D'ailleurs ces deux méthodes loin d'être oppoſées s'éclairent mutuellement. Des obſervations dans le goût de celles de Mr. Rouſſeau ſerviront à mieux faire comprendre les définitions; & les définitions à leur tour ſerviront à diriger l'obſervation. C'eſt à la réunion de cette double méthode d'art, & d'obſervation méchanique que s'eſt ſur tout attaché Mr. de la Chapelle dans ſa Géometrie: Wolf, & d'autres ne l'ont pas négligée. Un homme très-eſtimable, qui a été diſciple de Rondelli, m'a dit que cet habile Profeſſeur de Bologne ſe ſervoit toujours d'exemd' exemples sensibles, & amusans pour faire concevoir ses démonstrations. Falloit-il diviser un cercle? C' étoit un gâteau, qu' il s' agissoit de partager &c. C' est apparemment la méthode, qu' on avoit employée pour instruire le jeune Géometre de Turin, dont parle Mr. Rousseau, qui avoit appris à juger des rapports des surfaces par des gaufres isopérimétrés.

Il ne faut donc point abandonner la méthode scientifique; mais on peut y joindre utilement la méthode d' observation recommandée par l' Auteur. Il ne faut que du bon sens pour sentir combien il est utile d'éclaircir par la pratique ce que l'on a démontré par la théorie, & de montrer à un enfant par des opérations amusantes, & instructives l' usage des verités qu' on lui enseigne, & les avantages qu' on en peut retirer.

Quant aux méthodes particuliéres d' apprendre la Géometrie élementaire synthétique, on peut les réduire à trois principales. La premiere est celle d' Euclide. Je comprens sous ce nom tous les élémens où l' on a suivi à-peu-près le même ordre, & où l' on n' a fait autre chose que transposer, supprimer, ou ajoûter quelques propositions, simplifier des démonstrations &c. La seconde est celle d' Arnaud. Elle consiste surtout dans la progression du simple au composé, des lignes aux angles, des angles aux surfaces &c. Tels sont les élémens de Varignon, de Sauveur, de Malézieu, ou du Duc de Bourgogne, de la Caille &c. La troisiéme est celle de Mr. Clairaut. Elle consiste à développer les propositions de Géometrie à peu-près dans l' ordre que le besoin, & le progrés naturel des connoissances peuvent les avoir amenées.

C' est

C'eſt une imitation de l'invention. Toutes ces méthodes ont leur avantage. La premiere eſt vantée par la rigueur des démonſtrations. La ſeconde par l'ordre, & l'univerſalité des théorémes, dont une infinité de propoſitions ſe déduiſent, comme autant de corollaires. On y apprend à reduire à un même principe tout ce qui peut être déterminé par ce principe, & à embraſſer ainſi un plus grand nombre d'objets ſous le même point de vuë: ce qui peut contribuer à donner plus de juſteſſe, & d'étenduë à l'eſprit. La troiſiéme paroît plus propre à reveiller, ou à nourrir l'eſprit d'invention.

C'eſt aux Géometres à décider laquelle dans la pratique eſt préférable à tous égards. On dit que les Anglois s'attachent beaucoup à Euclide; c'eſt d'abord un préjugé avantageux. La rigueur des démonſtrations paroît être un mérite eſſentiel, & comme le caractere diſtinctif de la Géometrie. On ne ſçauroit donc s'y attacher trop ſcrupuleuſement. Il eſt vrai qu'on ne peut s'empêcher de remarquer une ſorte de déſordre dans Euclide. Mais quelques Géometres y ont rémédié en partie par la tranſpoſition de pluſieurs théorémes ſans altérer eſſentiellement l'ordre de chaque livre en particulier. Mais ſi Euclide a négligé l'ordre ſyſtématique des notions abſtraites de lignes, d'angles, de ſurfaces, il n'a pas negligé l'ordre naturel, ou l'enchaînement des verités. Toutes les propoſitions y ont un rapport eſſentiel à celles qui les précédent, & à celles qui les ſuivent, L'eſprit guidé de conſéquence en conſéquence y contracte une heureuſe habitude de juſteſſe, & de préciſion. Les différens exemples de conſtructions, où l'on employe indiffédifféremment les lignes, les triangles, les angles &c., font voir à un jeune éléve, comment il doit se prévaloir au besoin de tous les matériaux que son esprit lui fournit, pour parvenir à la découverte des verités qu' il ignore. Enfin on est sûr que les élemens d' Euclide contiennent tout ce qu'il faut sçavoir pour pénétrer ce que les Mathématiques ont de plus rélevé en fait de synthétique. Un jeune homme qui a bien appris les trois, ou quatre prémiers livres d' Euclide, ne sçait pas beaucoup de Géometrie; mais du moins il sçait bien ce qu'il sçait, & n' aura plus à revenir sur ses pas, s'il lui prend envie d' avancer. Je demandai un jour au célébre Eustache Manfredi quel livre il m'auroit conseillé pour les prémiers élemens de Géometrie: *Non si diparta dal Tacquet*, me dit-il en propres termes. Les Méthodes d' Arnaud, de Varignon &c. sont aussi conseillées par de très-habiles Maîtres. Celle de Sauveur qui est dans le même goût, & qui avoit servi au Prince Eugéne, est loüée dans l' Encyclopedie, & on la conseille aux Militaires. Il faut surtout consulter le génie de l' éléve au quel on apprend les Mathématiques, & le bût qu' on se propose en les lui faisant apprendre.

Pensées de Bacon sur l' étude, & la lecture, accompagnées de quelques réflexions.

Je ne puis mieux terminer cet Article que par les sages remarques de Bacon sur l'étude, & la lecture, je prendrai la liberté d'y joindre quelques réflexions rélatives à l' usage dont elles peuvent être dans l' éducation de la jeunesse.

Serm. fid. de stud., & lect. Libror.

On peut retirer trois avantages, dit Bacon, de l' étude & de la lecture, le plaisir de sçavoir, la facilité de

Studia, & lectiones librorum, aut meditationum voluptati, aut oratio-

tionis ornamento, aut negotiorum subsidio inserviunt. Usus eorum quatenus ad voluptatem, in secessu & otio imprimis percipitur..... Temporis nimium in lectione, & studiis terere, speciosa quædam socordia est.

de bien parler, la capacité pour les affaires. Mais il y a des excés à éviter. La retraite est ce qu'il y a de plus favorable au plaisir de la contemplation : c'est abus de s'y livrer au préjudice des devoirs de son état. Employer à la lecture le tems qu'on devroit donner aux affaires, c'est une belle paresse si l'on veut, mais c'est paresse.

Je ferai ici une réflexion. Il est peu d'hommes si occupés qui n'ayent des momens de solitude volontaires, ou forcés, quand ce ne seroit que par la necessité du repos. Rien n'est alors plus avantageux que de trouver dans la lecture, & dans la réflexion un délassement utile propre à redonner de nouvelles forces à l'esprit. Nul poids plus accablant que celui d'un esprit fatigué qui retombe sur lui même. Combien de gens qui cherchent à se fuir plus encore que le monde ne les fuit, qui ne peuvent se supporter vis-à-vis d'eux mêmes, faute d'avoir contracté l'habitude de lire, & de penser. Il faut donc tâcher d'inspirer le goût de la lecture aux jeunes gens. C'est une belle spéculation de pretendre conduire les enfans dans tout le cours de leurs études en les amusant toûjours... Les études les plus nécessaires sont laborieuses & assujetissantes. On peut diminuer la contrainte, mais on ne peut l'éviter entierement, sans quoi point de progrés solide à esperer. Ce n'est donc guêres par le moyen de ces sortes d'études qu'on peut parvenir à inspirer le goût de la lecture aux enfans, mais on y reüssira par des lectures amusantes & instructives, qu' on se gardera bien de leur proposer comme une partie de leurs études (ce nom seul pourroit tout gâter) mais plûtôt comme une recompense de leur application à l'étude. Des traits d'histoire choisis, les relations curieuses de quelques voyageurs, des dialogues, des suites d'estampes, de medailles, de raretés de differens genres, de curiosités naturelles &c. pourront servir à cet usage.

Mais pour tirer de ces differentes piéces le profit qu'on en peut attendre, il faut y mettre un certain ordre, & faire en sorte que tous ces hors d' œuvre dirigés par un homme expérimenté se lient, & se rapportent au bût général de l'éducation. Sans cette attention il est à craindre qu' une trop grande varieté d' objets, & d'idées mal assorties ne produise de la confusion dans la tête d' un jeune homme, & ne l'accoûtume à se repaitre d' un amas informe de connoissances superficielles, entassées sans choix & sans méthode, qui semblables aux ornemens gothiques n' embelissent que pour défigurer. C' est orner l'esprit aux dépens de la justesse, & de la solidité, dont l' acquisition est pourtant le fruit le plus précieux de l'étude & des lettres. Il vaut encore mieux qu' une tête soit vuide que mal remplie; or on la remplit mal, soit en y mettant de mauvaises choses, soit en y amassant confusement de bonnes choses.

D'ailleurs ces sortes d' exercices qui ne sentent point l' étude, sont très-propres à reveiller la curiosité des enfans, qui ne manquent pas de faire mille questions sur les objets, qu' on leur présente. Dans ces momens précieux

cieux un mot placé à propos fera plus d'effet qu'une longue instruction. L'enfant ne vous croit occupé qu'à satisfaire sa curiosité; cependant sans s'en apercevoir il apprend avec vous à raisonner sur les objets que vous lui presentez, à les comparer, à former des combinaisons, à lier les principes pour en tirer des consequences.

Quatenus ad orationis ornamenta, in sermone tam familiari quam solemni locum habet ..... iisdem ad ornatum mollius abuti, affectatio mera est, quæ se ipsam prodit.

L'étude, & la lecture servent en second lieu, dit Bacon, à donner du relief au talent de la parole. Ce talent s'exerce soit dans les discours d'appareil, soit dans les entretiens familiers. L'affectation est l'abus qu'on doit eviter avec plus de soin.

Un beau parleur s'annonce toujours heureusement. C'est un talent qui réléve toûjours le mérite, & en tient lieu quelque fois. On ne sçauroit être trop en garde contre les surprises d'un discours trop éblouissant. Mais ce talent ne réussit que quand il est naturel. Rien de plus ridicule que l'affectation à vouloir paroître beau parleur. Envain vous étalez les plus belles phrases, les expressions les plus choisies; l'art que vous y mettez vous decéle; on sent à l'effort que vous faites pour les assembler qu'elles ne coulent pas de source. Vous blessez l'amour propre de ceux qui vous écoutent, en laissant apercevoir que vous voulez les surprendre. Loin de gagner leur confiance, vous les prévenez contre vous même. Le meilleur parti est de s'étudier à parler nettement & judicieusement. Ce n'est pas le moyen de se faire admirer des sots, mais c'est le moyen de plaire aux gens ſenſés, & de ne déplaire à perſonne. Ce talent qui n'eſt pas refuſé aux genies même les plus bornés dépend en grande partie de la prémiere éducation. Voulez-vous qu'un enfant apprenne à parler avec juſteſſe & préciſion, accoûtumez-le à concevoir nettement ce qu'il doit dire, & à le dire naturellement ſans effort & ſans apprêt. La lecture formera ſon langage à l'exactitude, & l'uſage du Monde y ajoûtera l'agrément. Il ne faut point qu'un jeune homme s'étudie à mettre de l'eſprit dans ce qu'il dit. Qu'il conçoive bien ce qu'il veut dire, & qu'il le diſe ſimplement: s'il a de l'eſprit, l'eſprit paroîtra ſans qu'on le cherche, & paroîtra à propos; s'il n'en a pas, en vain le cherchera-t-il. L'eſprit ne viendra point, & les efforts qu'il fera pour en montrer, ne feront que devoiler ſon impuiſſance. Les livres qui petillent d'eſprit ne ſont donc pas faits pour les jeunes gens. Ce n'eſt qu'avec beaucoup de précaution qu'on leur mettra entre les mains les Fontenelle, ou autres livres écrits dans ce goût. Les Boſſuet, les Fenelon, les Fleuri, les Rollin &c., voilà des Auteurs qui parlent naturellement, & qui parlent bien.

Quatenus vero negotiorum ſubſidium, huc ſpectat, ut accuratiore judicio res & ſuſcipiantur, & diſponantur. Etenim homines rerum gerendarum gnari, ad negotia exequenda idonei fortaſſe ſunt, & in ſpecialibus judicio non malo utuntur. Ve-

Je reviens à Bacon. Quant aux affaires la lecture & l'étude fourniſſent des ſecours pour les entreprendre & les conduire avec plus de jugement, & de maturité. Ceux qui n'ont que de l'expérience peuvent reüſſir dans

Verum consilia de summis rerum, eorumque inventio & administratio recta felicius a litteratis promanat ...... de rebus autem ex regulis artis judicare, scholam omnino sapit nec bene succedit. Naturam litteræ perficiunt, ab experientia autem ipsæ perficiuntur .... Litteræ generalia nimis præcipiunt, nisi ab experientia determinentur.

dans l' execution, & dans les détails, mais les connoissances ne sont pas inutiles pour les vuës générales, & la conduite des grandes affaires. Il ne faut pourtant pas vouloir toujours décider par les régles de l' art, cela sent l' école, & ne reüssit pas. L' étude aide la nature; l' experience perfectionne l' étude. Les préceptes de l' art sont trop généraux, s' ils ne sont determinés par l' experience.

Les maximes générales sont bonnes sans doute; mais s' il ne falloit que cela, on seroit bientôt au faite de la prudence. L' essentiel est de sçavoir faire une application convenable des maximes aux cas particuliers. Il me semble que les maximes générales peuvent être comparées à la boussole. Celle-ci sert à diriger le Pilote; mais si le Pilote croyoit n' avoir autre chose à faire, qu' à tenir roidement la route marquée par la boussole, souvent il iroit donner dans les bancs, ou dans les écueils. Tout consiste à sçavoir se détourner à propos sans perdre de vuë le point, où l' on doit tendre.

Ajoutons qu' il est deux sortes d' avantages que l' on peut retirer de l' étude, & qu' il importe extrêmement de bien distinguer. Le premier est d' orner simplement son esprit par les connoissances que l' on acquiert: le second de former la maniere de penser par l' exercice des facultés intellectuelles, &

de leur donner par ce moyen plus de force, & d'étenduë. Il est un certain nombre de connoissances qui sont absolument nécessaires; les autres sont quelque fois utiles, & toûjours estimables; mais une fois qu'un homme a acquis les lumieres qui lui sont nécessaires pour se conduire dans sa carriére, ce n'est pas le plus ou le moins de connoissances, qui décide du plus ou de moins de mérite & de capacité; c'est la maniere de penser, la supériorité des vuës, l'aptitude à faire l'usage convenable des connoissances acquises, qui rend un homme incontestablement superieur à l'autre. Combien de Géométres aujourd'hui qui ont plus de connoissances de Mathématique que n'en avoit Galilée? Sont-ils pour cela aussi grands Géométres que Galilée? Folard avoit plus de connoissances relatives à l'art militaire que Turenne; mais quoique Folard ait passé pour bon Officier, il y a lieu de douter qu'il eut été aussi grand Capitaine que Turenne. C'est donc moins sur les connoissances que sur la façon de penser qu'un sage Instituteur doit porter ses vuës & ses attentions: il s'agit moins d'orner l'esprit que d'exercer convenablement les facultés de l'esprit. C'est tout le contraire de ce qui se pratique ordinairement.

Callidi litteras contemnunt; simplices admirantur; prudentes opera earum, quantum par est, utuntur. Neque enim litteræ verum sui usum satis edocent; sed ea res prudentia quædam est, extra eas & su-

Les esprits fins, ajoute Bacon, font peu de cas des lettres (seroit-ce, parceque, selon la remarque de Mr. de la Rochefoucaut, l'usage de la finesse est la marque d'un petit esprit) les sim-

supra eas sita, observatione tantum comparata simples en sont éblouïs, les sages sçavent s'en servir. Les arts, & les sciences ne montrent point quel doit être leur veritable usage relativement à la societé. C'est l'affaire d'une prudence supérieure, qui s'acquiert par l'observation.

Libros non legas animo contradicendi, & disputationum præliis concertandi, neque rursus omnia pro concessis accipiendi, aut in verba Auctoris jurandi; neque denique in sermonibus te venditandi; sed ut addiscas, ponderes, & judicio tuo aliquatenus utaris.

Il ne faut lire ni pour tout critiquer, ni pour tout adopter, ni pour étudier la leçon du jour à étaler dans les conversations, mais il faut peser ce qu'on lit, dans la vuë de s'instruire, & faire usage de son jugement en lisant.

Libri quidam per partes tantum inspiciendi; alii perlegendi quidem, sed non multum temporis in iis evolvendis insumendum; alii autem pauci diligenter evolvendi, & adhibita attentione singulari.

Il y a des livres qu'il suffit de lire par lambeaux; il en est qu'on doit lire d'un bout à l'autre, mais sans trop s'y arrêter: il en est, mais peu, qu'on ne sçauroit trop lire, & trop étudier.

Lectio copiosum reddit & bene instructum; disputationes & colloquia promptum & facilem; scriptio autem & notarum collectio perlecta in animo imprimit & altius figit.

La lecture instruit; la dispute donne de la promptitude & de la facilité; l'attention à écrire & à noter soulage la memoire.

Historiarum lectio prudentes efficit; Poëtarum inge-

L'histoire donne des leçons de prudence; la

ingenioſos ; artes mathematicæ ſubtilitatem donant ; naturalis philoſophia judicium profundum parit ; moralis gravitatem quamdam morum conciliat ; Dialectica & Rhetorica pugnacem reddunt, & ad contentionem alacrem.

la lecture des Poëtes fournit des penſées ingenieuſes ; les Mathématiques rendent l'eſprit plus ſubtil, plus exact ; la Philoſophie naturelle plus profond; la morale plus grave ; la Rhétorique & la Dialectique plus propre aux diſcuſſions.

Quin & vix occurrit in intellectu impedimentum aliquot inſitum, aut naturale, quod non ſtudio quopiam idoneo emendari & edolari poſſit : quemadmodum morbi corporis, exercitiis quibuſdam propriis levari poſſunt.

Bacon ajoute encore que l'eſprit n'a preſque point de défaut, qu'on ne puiſſe venir à bout de redreſſer par quelque étude convenable ; de même que certains exercices gymnaſtiques ſervent de reméde à certaines infirmités, ou indiſpoſitions corporelles.

Eodem modo ſi cui ſit ingenium vagum, & volucre, mathematicis incumbat : in demonſtrationibus enim mathematicis, ſi mens vel minimum aberret de novo incipiendum eſt.

S'agit-il d'un eſprit volage, léger, innappliqué? Les Mathématiques contribueront à le fixer. Car dans les autres ſciences on ſe flatte quelque fois de comprendre ce qu'on n'entend qu'à demi; on ſe contente de quelques notions ſuperficielles, qui ne demandent que peu d'attention, & on croit avoir tout fait. Au lieu que dans une démonſtration de Géométrie, l'on n'entend rien, ſi l'on n'entend tout. Il faut neceſſairement

que

que l'esprit se fixe sur toutes les parties de la démonstration, pour les lier, & les embrasser ensuite sous un seul point de vuë.

Si quis ad transcursus ingenii segnis sit, nec alia in aliorum probationem & illustrationem accersere, & arrigere dextre noverit, Jureconsultorum casus evolvat.

Bacon propose la méthode & les consultations des Jurisconsultes aux esprits dénués de souplesse & d'une certaine facilité à passer d'une chose à l'autre, & à tirer de différentes sources les preuves & les éclaircissemens dont on a besoin pour la matiere que l'on traite.

Si cuipiam ingenium sit minus aptum ad rerum differentias & distinctiones eruendas, ad Scholasticos se conferat: illi enim cumini sectores sunt.

L'esprit manque-t-il de la pénétration nécessaire pour saisir les différences des objets? Bacon renvoye à la subtile analyse des Scholastiques.

Le saut seroit un peu rude pour nôtre siécle. On peut y suppléer par l'art de penser, & par quelques autres traités solides de Logique, & de Critique. Parmi le grand nombre d'Ecrivains dont le siécle abonde, on voit assez souvent de beaux diseurs, & de faux raisonneurs. L'oubli de la Logique y influe plus qu'on ne pense. Sans cet oubli Mr. Rousseau n'auroit pas dit que la fin de l'éducation étant de rendre un homme raisonnable, c'est commencer par la fin, que vouloir commencer à raisonner avec les enfans. Un célébre Ecrivain qui a critiqué les pensées de Pascal cite deux exemples pour prouver, que *les deux contraires peuvent être faux*. Le prémier est celui-ci: *Un bœuf vole au Sud avec des ailes, un bœuf vole au Nord sans*

sans ailes. Ces deux propositions ne sont point contraires; si elles sont fausses, c'est que réellement les bœufs ne volent ni au Sud, ni au Nord, ni avec des ailes, ni sans ailes. Du reste il n'y a qu'à changer de matiére, & on trouvera que des propositions semblables peuvent être toutes deux veritables: un bâtiment cingle au Sud avec des voiles; un bâtiment cingle au Nord sans voiles. Cet exemple fait voir que l'Auteur ne concevoit pas assez nettement ce que c'est que deux contraires, & pourquoi deux contraires peuvent être faux. La Logique donne là dessus des régles fondées sur des principes évidens, qui font voir pourquoi deux propositions contraires, en vertu de la rélation qui résulte de leur contrarieté, ne peuvent jamais être toutes deux véritables, & peuvent être toutes deux fausses. La connoissance de ces regles n'est pas inutile pour diriger le raisonnement. Il paroît qu'un homme est en état de raisonner avec plus de force, lors qu'il a des idées réflechies qui l'eclairent & le rassûrent sur l'exactitude du raisonnement.

On ne peut disconvenir que la plûpart des Scholastiques n'ayent étrangement defiguré la Logique soit par le langage barbare qu'ils affectoient, soit par les vaines subtilités dont ils l'ont surchargée. On a reconnu l'abus. Qu'en est-il arrivé? Ce qui arrive presque toûjours dans les disputes, & dans les affaires de parti, de ne s'écarter d'un extrême que pour se précipiter dans l'autre. On s'est fait un merite de n'avoir rien de commun avec les Scholastiques; on a poussé la proscription jusqu'aux régles, & à l'art du raisonnement. Le bon Abbé Pluche a prétendu prou-

prouver que l' esprit humain n' a pas besoin de regles pour apprendre à raisonner; il a cependant prouvé par son exemple qu' en méprisant les régles, on ne raisonne pas toûjours juste. 1. C' est un fait constant que dans toutes les opérations, où l' esprit humain est sujet à s' égarer, il a besoin d' être guidé par des regles, qui ne sont autre chose que le résultat des observations que l' on a faites sur la maniere de parvenir plus sûrement au but que l' on se propose. C'est ce que l'on pourroit éclaircir par une infinité d' exemples. 2. L'art du raisonnement merite d' être connu par lui même independemment de l'utilité qu' on en retire. On est parvenu dans cette partie de la Logique à determiner le nombre des combinaisons, dont les termes & les propositions d' un raisonnement sont susceptibles pour être concluant. Les régles qu' on en tire fournissent un exemple précieux d' une suite de démonstrations rigoureusement géométriques dans une matiére qui n' est pas du ressort de la géométrie. 3. Par l' exercice de ces régles l'esprit acquiert l' heureuse habitude de placer les termes & les propositions d' un raisonnement de la maniere la plus convenable pour raisonner juste en quelque matiére que ce soit; habitude qui reste lors même que dans la suite on oublie les régles. C' est ce qu' on pourroit éclaircir par l' exemple des régles de la Grammaire par rapport à l' exactitude, & à la correction du langage. 4. Par le moyen de ce même exercice l' esprit acquiert plus de facilité à reconnoître non seulement si un raisonnement est défectueux, mais encore à démêler sur le champ en quoi consiste le vice du raisonnement. 5. Les plus grands

Ecri-

Ecrivains de l'antiquité, Ciceron entre autres ont fait beaucoup de cas de ces régles. 6. Les grands Ecrivains du siécle passé qu'on regarde à juste titre comme les restaurateurs de la Philosophie, Galilée, Bacon, Grotius, Descartes, Gassendi, Leibnits, Newton, Bossuet, Nicole, se sont tous formés, dès leur jeunesse, par un long exercice de l'art du raisonnement, tel qu'on l'enseignoit alors communement dans les Ecoles. Des études plus profondes leur firent bientôt reconnoître l'abus qu'on en faisoit, & ils sçurent s'en garantir pour ne s'attâcher qu'à ce qu'il y avoit de solide. Mais je ne sçai si l'habitude contractée par le long usage des régles du raisonnement n'a pas contribué en grande partie à ce degré de force, & de clarté qu'on admire dans leurs écrits, & qu'on a de la peine à retrouver dans ceux qui ont crû devoir s'abandonner à la seule impression de la nature dans leurs recherches, & dans leurs raisonnemens.

Des dispositions que M. R. exige dans Emile, & premiérement de l'esprit.

Il me reste quelques remarques à faire sur les qualités, ou dispositions que Mr. Rousseau souhaite dans son éléve. Elles sont rélatives au caractére d'esprit, au climat, au temperament, à la naissance ou condition : „ Quand je pourrois choisir, dit-il (p. 53.) „ je ne prendrois qu'un esprit commun, tel „ que je suppose mon éléve ; on n'a besoin „ d'élever que les hommes vulgaires ...... „ les autres s'élévent malgré qu'on en ait.

Si on n'a besoin d'élever que les hommes vulgaires

On doit sçavoir bon gré à l'Auteur de sa générosité dans le choix d'un éléve. Préférer un esprit vulgaire à un rare génie dans les soins que l'on veut bien prendre pour former un homme, ne peut être que l'effet d'une noblesse d'ame, qui n'a d'autre objet

que

que le bien public. Mais dans la raiſon qu'il donne de cette préférence, il paroît qu'il ſacrifie la juſteſſe à la paſſion de dire de belles choſes : *On n'a beſoin que d'élever les hommes vulgaires : les autres s'élèvent malgré qu'on en ait*. A-t-il oublié la propoſition fondamentale de ſon Traité, *que nous naiſſons ſans forces, & ſans jugement : que tout ce que nous n'avons pas à nôtre naiſſance, & dont nous avons beſoin étant grands nous eſt donné par l'éducation*. Cet arrêt prononcé ſur tout le genre humain ſouffre-t-il quelque exception ? Les grands génies n'y ſeroient-ils pas compris ? N'y a-t-il pas des génies, qui ne ſont jamais rien, faute d'éducation : d'autres qui donnent dans les plus grands travers, faute d'une bonne éducation ? Il faut donc élever les eſprits médiocres, & les grands génies ; les premiers pour leur apprendre à faire du bien, les autres pour leur apprendre à ne pas faire du mal.

Régle de Mr. R. pour le diſcernement des eſprits.

On ſouhaiteroit auſſi plus de juſteſſe dans la regle qu'il donne pour le diſcernement des eſprits. (p. 239.) „ Des enfans étourdis viennent les hommes vulgaires ; je ne ſache point d'obſervation plus générale, & plus certaine que celle-là. Rien n'eſt plus difficile que de diſtinguer dans l'enfance la ſtupidité réelle, de cette apparente, & trompeuſe ſtupidité, qui eſt l'annonce des ames fortes. Il paroît d'abord étrange que les deux extrêmes aient des ſignes ſi ſemblables, & cela doit pourtant être ; car dans un âge, où l'homme n'a encore nulles véritables idées, toute la différence qui ſe trouve entre celui qui a du génie, & celui qui n'en a pas, eſt que le dernier n'admet que de fauſſes

„ idées,

„ idées „ & que le premier n'en trouvant
„ que de telles, n'en admet aucune; il res-
„ semble donc au stupide, en ce que l' un
„ n'est capable de rien, & que rien ne con-
„ vient à l' autre.

Est-il bien vrai qu'un enfant né avec du génie, mais dont le génie pendant l'enfance est couvert d'une apparente stupidité, n'admette aucune idée fausse? Cela est-il prouvé par l'expérience? Est-il bien prouvé qu'un enfant stupide n'admette que des idées fausses? Quand cela seroit vrai, en résulteroit-il des signes semblables? Une tête destituée d'idées, & une tête remplie de fausses idées se ressemblent elles? Quelque fond de génie, ou de stupidité qu'il y ait en deux enfans, l'Auteur convient qu'ils n'ont point encore de veritables idées. Où placera-t-il le *Criterium* qui laisse passer toutes les fausses idées dans la tête de l'un, & qui les repousse toutes de la tête de l'autre? Ne faut-il pas du discernement pour ne point admettre de fausses idées? Et ce discernement ne suppose-t-il pas de véritables idées?

Quoiqu'il en soit, Mr. Rousseau continue:
„ Le jeune Caton durant son enfance sem-
„ bloit un imbecille dans la maison, il étoit
„ taciturne, & opiniâtre. Voilà tout le ju-
„ gement qu'on portoit de lui. Ce ne fut,
„ que dans l'antichambre de Sylla que son
„ Oncle apprît à le connoître &c.

Comment on peut distinguer la vivacité d'esprit de la vivacité d'étourderie dans les enfans.

Le pinceau fort de Mr. Rousseau ne connoît point l'art des nuances. Point de milieu, selon lui, entre l'étourderie qui ne produit que des hommes médiocres, & une apparente stupidité qui annonce les ames fortes. Il passe rapidement d'un extrême à un autre extrême, & charge toûjours ses portraits;

traits ; mais la nature va par dégrés. Cette aimable vivacité que l'on remarque dans la plûpart des enfans n'est pas toute de la même trempe. Il est une sorte de vivacité qui n'est qu'étourderie, & l'Auteur a raison de dire, qu'il n'en faut attendre que des hommes médiocres ; mais il est aussi une autre sorte de vivacité qui annonce l'esprit, & le génie. Combien de grands Artistes dont les talens se sont décélés dans les amusemens de leur enfance ? C'étoit comme le premier essor d'une disposition heureuse, qui tendoit à se développer. La vivacité d'étourderie se reconnoît dans les enfans, qui broüillent tout, & ne distinguent rien. Leur tête est comme le champ de bataille d'une foule d'idées qui s'accrochent, & qui ne se lient pas. Ces saillies irréguliéres sont à l'esprit ce que des moüvemens dégingandés sont au corps. Ce sont des irrégularités qui plaisent dans l'enfance, parceque l'enfance donne de la grace à tout ce qu'elle fait, & qui déplairont, à coup sûr, dans un âge plus avancé. Mais il est une autre sorte de vivacité, que l'on peut regarder comme l'aurore du génie. C'est une mobilité d'imagination qui se prête aisément à différens objets, qui les saisit avec célerité, & les combine avec justesse. L'application d'un trait de la fable à un trait de l'histoire, d'un trait d'histoire à un événement du tems, des comparaisons justes, des conséquences bien déduites, la perspicacité à reconnoître les ressemblances des choses, qui différent, les différences de celles qui se ressemblent ; en un mot des traits de justesse, & de pénétration sont les caractéres, par lesquels on peut distinguer la vivacité d'esprit de la vivacité d'étourderie.

Quant

De l' apparente stupidité qui annonce les ames fortes.

Quant à cette apparente stupidité, qui annonce les ames fortes, elle paroît devoir être le partage des enfans qui naissent avec une seule sorte de génie, ou de talent, qui n'ont d'instinct, pour ainsi dire, & de disposition que pour un certain genre de choses. Si l' objet qui doit les affecter ne se présente point à eux dès leur enfance, rien ne les emeut, rien ne les reveille. De là cette indifférence, cette insensibilité, que l'on seroit tenté de confondre avec la stupidité.

De ces deux espéces de caractéres, de vivacité d' esprit, & d' apparente stupidité qui annoncent également les grands hommes, il paroît que le premier doit produire des genies plus universels: le second des ames plus concentrées. L' enfance de César se fit admirer par la vivacité d' esprit: il n' en a pas moins été un grand homme. Son génie fécond, lumineux, dominant valoit bien l'ame sombre de Caton d' Utique. L' ame forte d' Alexandre, à qui l'Auteur ne peut réfuser son admiration, ne fut point annoncée par une stupidité apparente. Faut-il citer d'autres exemples après ceux-là? Faut-il nommer les Pascal, les Pope, tant d' autres qui ont brillé dès leur enfance? Sont-ce là des hommes vulgaires.

Du Climat.

Pour le Climat l' Auteur veut un éléve né dans un Païs tempéré. „ Le Païs, dit-il „ (p. 53.) n' est pas indifférent à la culture „ des hommes; ils ne sont tout ce qu' ils „ peuvent être que dans les Climats tempé- „ rés. Dans les Climats extrêmes le desa- „ vantage est visible. Un homme n' est pas „ placé comme un arbre dans un Païs pour „ y demeurer toûjours, & celui qui part „ d' un des extrêmes pour arriver à l'autre, „ est

„ est forcé de faire le double du chemin „ que fait pour arriver au même terme celui „ qui part du terme moyen. Que l'habitant d'un Païs tempéré parcoure successivement les deux extrêmes, son avantage „ est encore évident; car bien qu'il soit autant modifié, que celui qui va d'un extrême à l'autre, il s'éloigne pourtant de „ la moitié moins de sa constitution naturelle. Un François vit en Guinée, & en Laponie; mais un Negre ne vivra pas à Tornea, ni un Samoyede au Benin. Il paroît „ encore que l'organisation du cerveau est „ moins parfaite aux deux extrêmes. Les „ Negres, ni les Lapons n'ont pas le sens „ des Européens. Si je veux-donc que mon „ éléve puisse être habitant de la Terre, je „ le prendrai dans une Zone tempérée, en „ France, par exemple, plûtôt qu'ailleurs.

Si Mr. Rousseau ne veut autre chose qu'épargner à Emile la moitié du chemin lors qu'il s'agira d'aller ou vers le Pole, ou à la ligne, il faut prendre Emile dans une latitude moyenne. S'il s'agit de lui faire supporter plus aisément le passage d'une extrêmité à une autre extrêmité, l'avantage est encore pour le Climat moyen; mais il faut aussi que dans une Zone tempérée il se garde bien de le choisir dans un air ou trop subtil, ou trop épais; le désavantage seroit visible dans le passage trop brusque de l'un à l'autre. Mais si son objet, dans le choix du Climat, est de trouver un éléve qui devienne tout ce qu'un homme peut être, & qui ait l'organisation du cerveau la plus favorable au bon sens. Ce qu'il vient d'avancer sur la température du Climat, mérite quelque réflexion.

En premier lieu cette température doit avoir beaucoup d'étenduë. Annibal, Masinissa, Gengiskan, Gustave, Pierre le Grand montrent assez que depuis les sables brulans de la Numidie, jusqu'aux Mers glaciales du Septentrion, en Afrique, en Tartarie, dans la Scandinavie, les hommes peuvent dévenir, tout ce que des hommes peuvent être.

Que le Climat influë sur une certaine trempe d'ame, & de tempérament, c'est une chose généralement avoüée de tout le monde. On remarque une différence visible à cet égard entre un Espagnol, & un Anglois. Mais le Climat n'influë point sur la faculté des combinaisons. La raison est absolument la même pour l'Espagnol, & pour l'Anglois; c'est par cette faculté que les hommes sont tout ce qu'ils peuvent être, & c'est par cette raison qu'un Espagnol peut reüssir aussi bien qu'un Anglois, & un Anglois aussi bien qu'un Espagnol en quelque genre que ce soit. L'Auteur suppose deux choses, que les Negres, & les Lapons n'ont pas le sens des Européens, & que ce défaut de sens provient d'un défaut d'organisation. Il est vrai que les Negres, & les Lapons n'ont pas le sens des Européens, comme les Indiens de Quito, & de tout le Perou n'ont pas le sens des Espagnols. Ces Indiens sont plongés universellement, & de tems immémorial dans un abrutissement stupide. Cependant ceux que l'on a soin d'élever, dès leur bas âge, reüssissent très-bien, & déviennent aussi raisonnables que les autres hommes. C'est un fait attesté comme nous l'avons vû par des témoins oculaires, philosophes, & observateurs. Ces mêmes témoins font l'éloge de

la

la vivacité, & de la pénétration naturelle aux habitans de Lima. L'Histoire des Voyages de l'Abbé Prevôt parle quelque part d'un jeune Prince Negre qui parût en Angleterre il y a quelque tems, & s'y fît admirer. Le Climat de l'Arabie approche bien de l'un des extrêmes, il a pourtant donné naissance à des hommes extraordinaires. Je veux donc que les Negres, & les Lapons n'ayent pas le sens des Européens; on pourra toûjours demander : Est-ce défaut de culture? Est-ce défaut d'organisation? De ces deux causes la premiere a très-certainement lieu. Car l'éducation des Negres, & des Lapons est assûrément bien différente de celle qu'on reçoit en Europe. Cependant l'Auteur se décide uniquement pour la seconde. Il avance sans hésiter deux propositions, dont il lui seroit impossible de donner la moindre preuve; que le défaut de sens des Negres, & des Lapons provient d'un défaut d'organisation, & que ce défaut d'organisation provient du Climat. L'exemple universel des Indiens du Pérou, qui montrent naturellement beaucoup moins de sens que les Negres, & que l'éducation transforme en hommes aussi raisonables que les Européens, sembleroit prouver le contraire. Les anciens Romains jugeant du caractére physique des Bretons par l'Etat de Barbarie, où ils les voyoient, les croyoient incapables de ce qu'ils appelloient *Culture d'humanité*. Les Romains se trompoient; Mr. Rousseau pourroit bien se tromper aussi. Nos Peres faisoient aux Suisses, & aux Allemans l'honneur de les croire incapables de reüssir dans les ouvrages de goût. Si on leur en eût demandé la raison, ils n'auroient pas manqué d'alleguer le Climat. Cependant les Haller, les Gesner, les Plostock sont aujourd'hui l'admiration des Nations les plus polies.

Mr. Rousseau veut un éléve né dans un Païs tempéré. La raison qu'il en apporte est que l'organisation du cerveau y est plus parfaite, & que ce n'est que dans les Climats tempérés que les hommes sont tout ce qu'ils peuvent être. D'un autre-côté il ne souhaite à son éléve qu'un esprit commun; & la raison qu'il en apporte, c'est qu'il ne veut élever qu'un homme vulgaire. Est-il ici bien d'accord avec lui même? Espere-t-il faire d'un esprit commun tout ce qu'un homme peut être? Et s'il ne l'espere pas, s'il ne le veut pas même, pourquoi ne vouloir que d'un Climat, où les hommes soient tout ce qu'ils peuvent être?

La fin, l'objet, le chef d'œuvre de l'éducation est de rendre un homme raisonnable. C'est Mr. Rousseau qui le dit en termes exprés. Or y a-t-il un Païs dans les Climats brulants, & dans les Climats glacés, où les hommes ne puissent dévenir raisonnables, où l'on ne puisse par conséquent parvenir au chef d'œuvre de l'éducation? Si la méthode de l'Auteur n'est bonne que pour les Païs tempérés, elle est trop resserrée. Le Christianisme est de toute autre vertu, il fait des hommes raisonnables par tout Païs.

Des sauvages de l'Amerique septentrionale.

Je ne sçai si Mr. Rousseau compte entre les Païs tempérés celui qu'habitent les sauvages de l'Amerique septentrionale. Il ne peut du moins leur refuser la raison dans un dégré éminent. Un bon gouvernement est, comme tout le monde en convient avec lui, le chef d'œuvre de la raison. Or Mr. Rousseau nous apprend que les sauvages dont

nous

nous venons de parler joüissent de cet inestimable avantage, qui manque selon lui, à tous les Païs tempérés de l'Europe. C'est dans son contract social (p. 153.) qu'il annonce cette admirable découverte: *Les sauvages de l'Amerique septentrionale sont très-bien gouvernés.*

La seule chose qui pourroit embarasser à cet égard, est ce qu'il dit ailleurs touchant les signes d'un bon gouvernement. *Si l'on demandoit* (p. 188.) *à quel signe on peut connoître qu'un Peuple donné est bien ou mal gouverné, c'est une question de fait qui peut se résoudre. Cependant on ne la résout point, parceque chacun veut la résoudre à sa maniere ...... pour moi je m'étonne toûjours qu'on méconnoisse un signe aussi simple, ou qu'on ait la mauvaise foi de n'en pas convenir. Quelle est la fin de l'association politique? C'est la conservation, & la prosperité de ses membres; & quel est le signe le plus sûr qu'ils se conservent, & prosperent? C'est leur nombre, & leur population. N'allez donc pas chercher ailleurs ce signe si disputé.* Mais si le nombre, & la population est le seul signe, auquel on puisse reconnoître la prosperité d'un bon gouvernement; je ne sçai si l'on peut dire que les sauvages de l'Amerique septentrionale soient si bien gouvernés. Par quelle fatalité pour l'Auteur faut-il que le signe unique d'un bon gouvernement se trouve dans un Empire despotique tel que celui de la Chine, & qu'on ait peine à le retrouver parmi les sauvages?

Du tempérament.

Quant au tempérament Mr. Rousseau veut un enfant robuste, & bien constitué. „ Je ne „ me chargerois pas, dit-il (p. 59.), d'un „ enfant maladif, & cacochime, dût il vi-

„ vre quatre-vingts ans. Je ne veux point
„ d'un éléve toûjours inutile à lui même,
„ & aux autres, qui s'occupe uniquement
„ à se conserver, & dont le corps nuise à
„ l'éducation de l'ame. Que ferois-je en
„ lui prodiguant vainement mes soins si non
„ doubler la perte de la societé, & lui ôter
„ deux hommes pour un? Qu'un autre à
„ mon défaut se charge de cet infirme, j'y
„ consens, & j'approuve sa charité; mais
„ mon talent à moi n'est pas celui-là: je
„ ne sçais point apprendre à vivre à qui ne
„ songe qu'à s'empêcher de mourir.

Je doute que ce trait puisse faire beaucoup d'honneur à l'humanité de Mr. Rousseau. Il reproche à certains Philosophes (p. 10.) de n'aimer les Tartares que pour être dispensés d'aimer leurs voisins. Ces Philosophes, s'il en est, ne pourroient-ils pas lui reprocher avec plus de raison la dureté qu'il fait paroître ici à l'égard des enfans maladifs, & cacochimes? Qu'il ne dise pas qu'il approuve la charité de ceux qui se chargent de ces infirmes; il la recommande cette charité d'un ton à faire passer l'envie de l'exercer. *Que ferois-je*, dit-il, *en prodiguant vainement mes soins à un enfant maladif, si non doubler la perte de la societé, & lui ôter deux hommes pour un?* Quel affreux langage pour l'humanité! Est-ce nuire à la societé, que de se charger d'un enfant maladif, de lui consacrer ses soins, de veiller à la conservation de ses jours, de cultiver sa raison, son esprit, & ses talents? L'Auteur voudroit-il qu'on renouvellât de nos jours l'horrible spectale de la dureté Spartaine à l'égard de ces innocentes créatures? Mais Sparte ne méconnût, en ce point les devoirs les plus

sacrés

ſacrés de l'humanité, que parcequ'elle avoit méconnu la véritable fin du gouvernement: les hommes ſont faits pour vivre en paix, & non pour faire la guerre. La guerre ne doit être qu'un moyen de parvenir à la paix. L'Auteur convient que la fin de l'aſſociation politique eſt la conſervation, & la proſperité de ſes membres. Sparte ſe propoſa pour *fin* ce qui ne devoit être que *moyen*, elle n'eut d'autre bût que la guerre dans ſon aſſociation politique. Eſt-il étonnant qu'une mépriſe ſi eſſentielle ſur l'objet, & la fin de la societé ait amené des lois contraires à l'ordre de la ſocieté? Quelque horrible que fût la politique des Spartiates, ils raiſonnoient conſéquemment à leur faux principe. Mais que l'Auteur qui établit pour bût de l'aſſociation politique la conſervation, & la proſperité de ſes membres, veüille faire enviſager comme une perte pour la ſocieté, les ſoins que l'on donne aux enfans maladifs. C'eſt ce qu'on ne peut lire ſans effroi. Si cette idée eſt liée à quelque choſe dans le ſyſtéme de l'Auteur, ce ne peut être qu'à l'impuiſſance où ſeroit un enfant maladif de pouvoir jamais mener la vie des ſauvages, car il faut être ſauvage prèſque antropophage pour plaire a Mr. Rouſſeau. Du reſte un enfant maladif peut dévenir le ſoûtien, & l'ornement de ſa Patrie; il peut être un homme de bon ſens, charitable, inſtruit, capable de donner de bons conſeils, & de bons exemples. Faut-il citer l'Hiſtoire pour prouver des choſes ſi connuës? L'indulgence, & la rigueur de nôtre Philoſophe ſont inconcevables. C'eſt une barbarie, ſelon lui, de gêner, en quoi que ce ſoit, la liberté naturelle du premier âge. Il pardonne en quelque ſorte à un enfant, qui manque de reſpect à ſon Pere : *Mais ſi dans quelque occaſion que ce fut un enfant étoit aſſez dénaturé pour en manquer à ſa Mere, on devroit ſe hâter d'étouffer ce miſerable comme un monſtre indigne de voir le jour* (p. 3.). Ne nous emportons point. La raiſon n'eſt ni ſi indulgente, ni ſi ſévere. Un enfant a-t-il des ſaillies capricieuſes? Il faut les reprimer, dût-il lui en coûter quelques larmes. Un enfant eſt-il aſſez malheureux pour manquer de reſpect à ſa Mere? Il faut le châtier rigoureuſement, ne rien oublier pour corriger ſon mauvais naturel : mais il ne faut pas l'étouffer. Défions nous toûjours d'une vertu, qui ne cherche point d'appui dans la Religion. Quelque parade que faſſe cette vertu philoſophique de ſa fermeté, de ſa conſtance, de ſon héroïſme, elle ſe démentira toûjours par quelque endroit. Tel aime les Turcs pour être diſpenſé d'aimer les Chrétiens. Tel veut étouffer les enfans, ou les élever pour en faire des ſauvages.

De la naiſſance, ou condition.

Pour ce qui eſt de la condition, Mr. Rouſſeau ſouhaite un riche préférablement à un pauvre. „Le pauvre, dit-il (p. 551.), n'a „ pas beſoin d'éducation ; celle de ſon état „ eſt forcée, il n'en ſçauroit avoir d'autre : „ au contraire l'éducation que le riche re„ çoit de ſon état eſt celle qui lui convient „ le moins & pour lui même, & pour la „ ſocieté ...... Choiſiſſons-donc un riche : „ nous ſerons ſûrs au moins d'avoir fait un „ homme de plus, au lieu qu'un pauvre „ peut devenir homme de lui même ; par „ la même raiſon je ne ſerai pas fâché qu' „ Emile ait de la naiſſance, ce ſera toûjours „ une victime arrachée au préjugé.

Les

De l'éducation du bas peuple.

Les pauvres ont à quelques égards moins beſoin d'éducation que les riches, parceque par leur état de vie ſimple & uni, qui les met dans la néceſſité de faire plus d'uſage des forces du corps, que des facultés de l'ame, ils ſont moins expoſés à l'erreur; mais à d'autres égards ils ont encore plus beſoin d'éducation que les riches; parcequ'ils ont moins de ſecours pour être inſtruits des verités qui doivent regler leur conduite. Le jugement, que nous n'avons pas en naiſſant, & dont nous avons beſoin étant grands, nous eſt donné par l'éducation. C'eſt la maxime de Mr. Rouſſeau, & cette maxime vaut pour les pauvres, comme pour les riches. Les pauvres ſont hommes, ils ont donc beſoin d'apprendre à devenir raiſonnables, à être bons fils, bons maris, bons peres, bons amis, à aimer comme il faut leur famille, leur Patrie, leur Religion. Quels avantages ne reviendroient point à un état de la bonne éducation du menu peuple! Elle préviendroit l'ignorance totale des devoirs de l'humanité, la faineantiſe, la crapule, la brutalité. Elle adouciroit cette rudeſſe d'ame, qui eſt le caractére dominant du bas peuple, & qui eſt la ſource d'une infinité de maux. Tant que l'ame eſt tranquille, cette rudeſſe ne ſe manifeſte, que par la ruſticité, mais ſurvient-il quelque émotion tant ſoit peu violente, quelque paſſion de haine, de jalouſie, d'intereſt, de vengeance, elle s'éffarouche auſſitôt, & dégenere en férocité. De-là ces querelles ſi fréquentes, & ſi funeſtes, qui commencent par un rien, & qui finiſſent par le ſang.

Ce n'eſt pas qu'à regarder les inſtitutions préſentes de la plûpart des peuples de l'Europe,

rope, il faille ſonger à introduire parmi nos payſans cet appareil de rites, & de cérémonies qui a produit des effets ſi ſalutaires à la Chine. Les Legislateurs de la Chine, dit Monteſquieu, donnerent la plus grande étenduë aux régles de la civilité, parcequ'ayant pour objet principal de faire vivre leur peuple tranquille, ils voulurent que les hommes ſe reſpectaſſent beaucoup, que chacun ſentit à tous les inſtants, qu'il doit beaucoup aux autres, qu'il n'y avoit point de Citoyen qui ne dépendit à quelque égard d'un autre Citoyen. Tel eſt l'eſprit des rites Chinois.

Or c'eſt ce que le Chriſtianiſme peut opérer encore plus efficacement, qu'un ſimple formulaire de politeſſe, qui ne regle que les maniéres exterieures. Tout le fond, toute la ſubſtance de la civilité eſt compriſe dans ces paroles, que S. Paul addreſſoit à tous les fideles de quelque condition qu'ils fuſſent. „ Prévenez-vous les uns les autres par des „ honnêtetés réciproques. Rejoüiſſez-vous „ avec ceux qui ſont dans la joie, pleurez „ avec ceux qui pleurent. Vivez en paix, „ autant qu'il eſt en vous, avec toutes ſortes de perſonnes. Supportez les défauts „ les uns des autres, & traitez-vous comme „ des freres: ne vous vengez point vous „ mêmes, ne rendez à perſonne le mal pour „ le mal &c. Le Miniſtre de la Religion eſt autoriſé à prêcher ces ſalutaires maximes de la part de Dieu même; à les recommander non ſeulement comme des devoirs de ſocieté, propres à rendre la vie plus douce, mais comme des pratiques ſacrées de Religion, ſans laquelle point de ſalut. Ce ſeroit le ſujet d'un ſermon bien utile. Si la prédication du Paſteur eſt evangélique, ſi elle eſt ſoûte-

soûtenuë par l' exemple, il fera du fruit. Il est de notorieté publique dans les Païs Catholiques qu' il ne faut souvent qu' un bon Curé, pour changer la face d' une Paroisse, ou d' un Village. Quand je dis un bon Curé, j' entens un homme zélé, & sçavant; car il faut l' être beaucoup pour sçavoir conduire les ignorans. Point de prudence, sans la science de son état.

Pour rendre l' instruction plus efficace il faudroit avoir soin de la tourner en habitude dès l' enfance. Il suffiroit pour cela que les Maîtres d' Ecole chargés d' apprendre à lire, à écrire, à chiffrer aux enfans de Village, joignissent à ces exercices utiles, un exercice encore plus utile, je veux dire celui de leur faire mettre en pratique les leçons que l' Apôtre addresse aux Chrétiens de quelque état, de quelque condition qu' ils soient. Il faudroit les accoûtumer à se traiter comme freres, à se prevenir par des honnêtetés réciproques, à se secourir mutuellement dans leurs petits besoins. Il faudroit qu' il y eût des applaudissemens, & des prix pour celui qui sçauroit modérer sa colere, en recevant une injure; des applaudissemens, & des prix encore plus grands pour celui qui répondroit à une injure par une honnêteté. D' un autre côté l' offenseur devroit trouver sa plus grande punition dans le mépris, & le délaissement que lui attireroit son emportement. Ce ne seroit point ici le masque d' une politesse mondaine, que les hommes corrompus empruntent souvent pour ne pas trop laisser paroître le mépris qu' ils ont les uns pour les autres. Ce seroient des pratiques propres à reveiller, & à nourrir les sentimens d' une amitié cordiale entre les

en-

enfans. Car le cœur des enfans s' ouvre naturellement à l' affection plus qu' à tout autre sentiment. Les exercices de cette affection se tournant en mœurs, & en habitude, rendroient les instructions des Pasteurs plus efficaces. Les enfans des villageois sont susceptibles des mêmes sentimens que les autres. La nature est la même par tout, elle n' a égard dans la distribution de ses dons, ni aux lambris dorés, ni aux pauvres cabannes. Une bonne éducation sera toûjours capable de lier dans la tête des enfans l' idée de l' honneur à l' idée de la vertu, l'idée de l' opprobre à l' idée du vice. On peut leur apprendre, & les convaincre intimement que la culture des terres, & toute honnête occupation rend honorables ceux qui l' exercent; que le vice seul, & la fainéantise dégradent l' homme, & le rendent méprisable. Quelle source de biens pour la societé, que l'uniformité d'une semblable institution dans tout un état! Il n' y a qu' une difficulté, qui est de trouver des instituteurs capables, & une pépiniére qui les réunisse dans l' esprit d' une même institution. Cette difficulté considerée en elle même, paroît effrayante; considerée dans son juste rapport aux moyens de la surmonter, elle n' est plus ce qu' elle paroît.

De l' éducation des riches.

Quoi qu' il en soit Mr. Rousseau souhaite un éléve riche par un motif loüable, qui est d' arracher une victime au préjugé. „ Une „ des miseres des gens riches, dit-il encore „ (p. 69.), est d'être trompés en tout; s'ils „ jugent mal des hommes, faut-il s'en éton„ ner? Ce sont les richesses qui les corrom„ pent, & par un juste retour, ils sentent „ les premiers le défaut du seul instrument „ qui leur soit connu.

Mr.

Mr. Rousseau eût fait un ouvrage utile à détailler les causes, & les effets de la corruption des richesses, & les abus qu' elles ont introduits jusques dans la partie de l'éducation. Mr. Dalembert en touche quelque chose dans son essai sur la societé des gens de lettres, & des grands. Avec quelle force Mr. Rousseau n' eût-il pas décrit les préjugés dans lesquels plusieurs riches sont élevés, préjugés qui sont les sources ordinaires de l'illusion, dans laquelle ils passent presque toute leur vie; l' apparence substituée à la realité, les formalités qui l' emportent souvent sur le fond, de grands appareils pour ne rien faire, souvent beaucoup de serieux dans des frivolités, beaucoup de frivolité dans les affaires les plus serieuses. Mr. Rousseau n' eût pas corrigé le monde. Car le monde est vieux, dit-on, & incorrigible; mais il eût peut-être détrompé quelques riches, & c'étoit autant de gagné.

De l' institution publique.

A l' égard de l' institution publique Mr. Rousseau prétend (p. 13.) „ Qu' elle n' existe plus, & ne peut plus exister, parcequ' „ où il n' y a plus de Patrie, il n' y a plus „ de Citoyens. Ces deux mots, Patrie, & „ Citoyen, doivent être éffacés des langues „ modernes. J' en sçais bien la raison, mais „ je ne veux pas la dire, elle ne fait rien „ à mon sujet.

Pourquoi donc Mr. Rousseau n' a-t-il pas donné dès-lors l' exemple de la reforme qu' il vouloit introduire dans les langues modernes? Comment accorder le titre de *Citoyen* qui paroît à la tête de son livre avec les propos qu' il tient en cet endroit?

„ Je n' envisage pas, ajoute-t-il (p. 14.) „ comme une institution publique ces risibles „ établissemens qu' on appelle Colléges.

Mr. Rouſſeau n'eſt pas aſſez méſuré dans ſes expreſſions. L'épithéte de *riſible* ne convient point à des établiſſemens loüables, dont on a tiré beaucoup d'utilité. Mais comme tous les établiſſemens humains ſont ſuſceptibles d'un nouveau degré de perfection, il eût pû propoſer des vûës utiles ſur ce ſujet, il eût pû parler de l'uniformité de l'inſtruction, de ſes avantages, & des moyens de l'établir. Dans le long cours de ſiécles qui ſe ſont écoulés depuis l'incurſion des Barbares, je ne ſache que Charle Magne, pour ne pas parler de quelques Princes modernes, qui en aient bien ſenti l'importance.

Je ne dirai rien de cette éducation publique, ſur laquelle : *Scribimus indocti, doctique poemata paſſim* : je me contenterai de remarquer un trait qui m'a frappé depuis long tems dans certains écrits rélatifs à ce ſujet. On y diſtingue le département des lettres, pour former l'eſprit, le département de la Philoſophie pour former le Citoyen, le département de la Religion pour former le Chrétien. Si l'on prétend que la Philoſophie ſeule puiſſe former des Citoyens. Je crois que l'on ſe trompe.

1. Parceque la Philoſophie n'eſt pas à la portée de la multitude. Parler Philoſophie aux laboureurs, & aux artiſans, c'eſt leur parler un langage inconnu. Les gens d'affaire ſont trop occupés pour ſe livrer entiérement à la Philoſophie. Cependant c'eſt là ce qui forme le gros des Citoyens. Il faut donc un autre principe que la Philoſophie pour former le plus grand nombre des Citoyens : & ce principe devant être univerſel doit former généralement tous les Citoyens.

2. Parceque la Philoſophie ſe déprave fort-aiſément dans ceux qui ne font que l'éffleurer. C'eſt une obſervation du Chancelier Bacon. La ſaine Philoſophie n'eſt-donc que pour le petit nombre. Si elle doit ſervir à l'Etat, c'eſt plus par les avantages que trois ou quatre grands Philoſophes ſont à même de lui procurer, que par cette diffuſion apparente, & ſuperficielle de Philoſophie qui gagne de proche en proche, & ſe répand dans tous les ordres de la ſocieté. Qu'importe à l'Etat que vingt mille Citoyens oiſifs aient des connoiſſances ſuperficielles d'Aſtronomie. Le ſçavoir de ces gens là ne ſervira jamais ni à régler le Calendrier, ni à perfectionner des théories qui peuvent intéreſſer la ſocieté. L'Etat profite des travaux d'un certain nombre de vrais Aſtronomes; le reſte eſt preſque à pure perte. Il y a même cette différence entre l'Aſtronomie, & la Philoſophie, que les connoiſſances ſuperficielles d'Aſtronomie ne nuiſent point à celui qui les a, & ſervent au contraire à orner l'eſprit, & à entretenir le goût des bonnes choſes, au lieu que ſi la Philoſophie ne fait pas du bien, elle ne manque guère de faire du mal.

3. Parceque la Philoſophie n'offre point de motifs ſuffiſans pour faire pratiquer communement les devoirs qu'elle preſcrit. Bayle a voulu prouver que la beauté de la vertu a par elle même des attraits aſſez efficaces pour engager les hommes à s'y attacher conſtamment. C'eſt une illuſion. La beauté de la vertu peut toucher le cœur humain. Le théatre même en eſt une preuve. Il n'eſt point de ſcélerat, qui aime le crime par inſtinct, comme il eſt tant d'hommes qui

aiment

aiment la vertu par inclination. Tout homme qui pourra parvenir à ſon but par un moyen légitime, tout auſſi bien que par un moyen criminel, préférera naturellement le premier au ſecond. Mais s'il arrive que l'attrait de la vertu, & la complaiſance qu'elle excite dans l'ame, ſoit balancée par la conſidération d'un interêt particulier, ou d'une forte paſſion; c'eſt toute une autre affaire. Un connoiſſeur s'extaſie à la vuë d'un tableau, il le contemple avec admiration, il en eſt enchanté : vendra-t-il ſon champ pour acheter ce tableau? Ce ſera une affaire de calcul; & tel ne doit point être le choix de la vertu. Dira-t-on que l'interêt général eſt un motif ſuffiſant pour attacher les hommes à la vertu. Autre illuſion. Il eſt vrai qu'à tout prendre l'interêt particulier eſt lié à l'interêt général. Malgré cette liaiſon n'y a-t-il pas des gens qui font aſſez bien leurs affaires particuliéres aux dépens de l'interêt général? Autre matiére de calcul. Conſultez le cœur humain, il vous dira que la vertu eſt belle par elle même, mais qu'elle ne tient pas lieu de tout. Il faut-donc un appui à la vertu, un contrepoid aux plaiſirs qui la balancent. Cet appui, ce contrepoid ne ſe trouve que dans la Religion.

4. Parceque la Philoſophie eſt peu propre à établir l'uniformité de l'eſprit patriotique qui doit animer, & lier les différens membres de l'état pour n'en former qu'un ſeul corps. Cette uniformité d'eſprit réſulte d'une ſorte d'unanimité dans les mœurs, & dans les maniéres, fondée ſur l'unité des maximes. Car ce ſont les maximes qui décident en gros de la conduite des hommes. Une ſituation forcée, un accident imprévu, une forte paſ-

ſion

ſion peuvent les en écarter quelque fois; mais ce ne ſont que des écars paſſagers, & violens. Si-tôt que l' orage a ceſſé l'homme revient à ſes maximes; parceque l' homme eſt jaloux de ſe gouverner par lui même, & qu' il ne ſe gouverne par lui même qu' autant qu'il ſe gouverne par ſes maximes. Donc pour établir l' uniformité de l' eſprit patriotique il faut établir l'unité des maximes. Or c' eſt ce que la Religion peut faire, parceque la Religion tend à l'union; & c' eſt ce que la Philoſophie ne peut faire, parceque la Philoſophie tend à la déſunion. La Religion tend à l'union, parceque elle eſt fondée ſur une autorité qui captive les eſprits, & qui les reünit dans la soûmiſſion qu' ils doivent aux Oracles de la Révélation. La Philoſophie au contraire n' eſt qu'un aſſemblage de différens ſyſtémes nés en différentes têtes, qui ſe contrediſent perpetuellement ou ſur les principes, ou ſur les conſéquences. Il n'y a réellement que le nom de Philoſophie, qui ſoit commun entre les Philoſophes. Dans le reſte autant de têtes autant de ſyſtémes.

Hobbes confond le droit avec la force, ſentiment terrible au jugement de Mr. de Monteſquieu, & rejetté hautement par Mr. Rouſſeau. D' autres rapportent l' origine du droit politique à l' autorité paternelle, d'autres à des conventions expreſſes, ou tacites: Mr. Rouſſeau exige de plus l' unanimité des ſuffrages. L' Auteur du livre *de l' Eſprit* ne reconnoît point de probité rélative à tout le genre humain, point de différence morale intrinſéque entre la vertu, & le vice. Mr. de Monteſquieu établit cette différence ſur des rapports de juſtice, & d' équité anterieurs à toutes les loix poſitives. D' un autre côté Mr. de Montesquieu prétend que la vertu n'est pas nécessaire dans les Monarchies: Mr. de Voltaire dit très-ingenieusement quelque part, que ce seroit un trop grand malheur qu'il eut raison sur cet article, & Mr. Rousseau le condamne ouvertement. Mr. de Montesquieu veut du moins, que la vertu soit nécessaire aux Républiques; l'Auteur des recherches sur le Despotisme Oriental prétend au contraire que la vertu a été nuisible à quelques anciennes Républiques. Mr. de Montesquieu donne beaucoup au Climat, Mr. Helvetius refuse tout au Climat. Bayle prétend que la societé peut subsister sans Religion; & *après avoir insulté toutes les Religions, il flétrit la Religion Chrétienne, en osant avancer que de veritables Chrétiens ne formeroient pas un Etat qui pût subsister*: Mr. de Montesquieu réfute ce paradoxe tel que nous venons de le rapporter d'après lui. L'Auteur du Code de la nature ose dire que personne jusqu'ici n'a rien entendu aux vrais principes de la législation, & de la morale, & pose la communauté des biens pour premiere base de l'une, & de l'autre. Plusieurs sont d'avis que la vie, que les enfans tiennent de leur Pere, & de leur Mere ne leur impose aucun devoir à leur égard. Mr. Rousseau ne veut plus qu'il soit question d'obeïssance entre les hommes. Tel excuse le Suicide; tel fait l'apologie du duel; tel présente le luxe comme la source de la prospérité d'un Etat; tel autre le restraint aux grandes Monarchies. Mr. Dalembert paroît le condamner absolument. Celui-là veut que les vices mêmes soient nécessaires à un Etat, & contribuent à le rendre plus florissant; tel réclame contre

tre l'indissolubilité du lien conjugal; tel justifie l'union passagére des personnes libres. Si cette anarchie d'opinions venoit à se répandre parmi le gros des Citoyens, seroit-elle bien propre à y entretenir l'unité de l'esprit patriotique ?

Mais en blâmant l'abus de la Philosophie je suis bien éloigné de condamner la Philosophie en elle même. Un vrai Philosophe, c'est-à-dire un homme sage, peut faire beaucoup de bien à la societé; mais ce sera en dirigeant ceux qui opérent, & non en faisant philosopher ceux qui ne doivent qu'executer. Ma thése est qu'on ne sçauroit introduire l'esprit patriotique par ce verbiage de Philosophie, répandu dans toutes les conditions, où le vrai & le faux, le bon & le mauvais, le probable & le paradoxe, tout en un mot, est perpétuellement mêlé, confondu, discuté, analisé, contredit, approuvé, & où le jargon philosophique fait disparoître à chaque instant l'esprit, & les régles de la saine Philosophie. Plein d'admiration pour les Sages, qui respectant la Religion, & les loix, contribuent par d'heureuses decouvertes à étendre la sphére des connoissances humaines, je ne fais que relever les inconvéniens de cette espéce de Philosophie, qui, selon la sage remarque de Mr. le Président Hénaut, a causé bien des maux, par l'abus que l'on en a fait, *que l'on soupçonne quelque fois avec raison de n'être pas favorable à la Religion, quand elle entre dans des têtes mal disposées*; de cette Philosophie en un mot dont Bacon peint le caractére avec sa force ordinaire : *Certe sunt qui cogitationum vertigine delectantur, ac pro servitute habent fide fixa aut axiomatis constantibus constringi;*

 liberi

liberi arbitrii uſum in cogitando ...... affectantes. Cujuſmodi quidem Sectæ Philoſophorum licet defecerint, ſuperſunt tamen ingenia quædam ventoſa & diſcurſantia, quibus eædem omnino venæ, licet non pari, cum antiquis, copia ſanguinis, repletæ. Bac. ſerm. de verit.

D'autre part, qui ne ſçait que la legislation même eſt le chef d'œuvre de la Philoſophie; les plus célébres Législateurs de l'antiquité ont été Philoſophes. Mais une fois que la Philoſophie, ou la ſageſſe a rédigé les loix, elles doivent être ſacrées pour les Philoſophes, comme pour le peuple. Lycurgue puiſa ſes loix dans la Philoſophie, mais le Philoſophe Lycurgue n'eut pas permis *aux babillards Athéniens* de diſputer dans Sparte contre les loix de Sparte.

Cette digreſſion n'eſt pas ſi eloignée de mon ſujet qu'elle pourroit le paroître. Mr. Rouſſeau déclame vivement contre la Philoſophie, & contre les Philoſophes. Si la comparaiſon n'étoit pas trop baſſe, je dirois que c'eſt l'Empyrique qui décrie ſes confreres pour s'attribuer à lui ſeul la poſſeſſion du reméde univerſel. „ Souvenez-vous toûjours, dit-il à ſes lecteurs (p. 253.) que „ celui qui vous parle n'eſt ni un Sçavant, „ ni un Philoſophe; mais un homme ſimple, ami de la verité, ſans parti, ſans „ ſyſtéme: un ſolitaire qui vivant peu avec „ les hommes a moins d'occaſions de s'imboire de leurs préjugés, & plus de tems „ pour refléchir ſur ce qui le frappe quand „ il commerce avec eux. Mes raiſonnemens „ ſont moins fondés ſur des principes, que „ ſur des faits &c.

Ce n'eſt point un Philoſophe que Mr. Rouſſeau; il ne fait point de ſyſtémes; ce n'eſt

n'est pas lui qui est l'Auteur des préceptes qu'il donne dans son livre ; c'est la nature elle même qui s'y dévoile, qui expose ses vuës, ses forces, ses besoins. L'homme social n'est pas l'homme naturel ; les institutions sociales le dépravent, & le dégradent. Mr. Rousseau ne fait autre chose que le dégager de ces liens étrangers, pour le montrer tel qu'il est. Peut-on se refuser aux cris de la nature qui parle dans son livre, peut-on lui refuser les secours qu'elle exige? Voilà ce que l'éloquence éblouïssante de Mr. Rousseau a pû persuader à bien des gens. Ils ne s'aperçoivent pas que l'homme naturel qu'il leur montre, est l'être le plus factice qui ait jamais existé dans l'imagination d'aucun Philosophe. Personne aujourd'hui n'a vû d'homme dégagé de toute institution sociale, personne ne peut dire ce que c'est. Tout ce qu'on débite là-dessus n'est qu'abstraction, imagination, pure rêverie. Cependant au moyen de ces artificieux déguisemens, quelles funestes impressions ne fera pas le livre de l'Auteur sur des esprits peu en garde contre la séduction? Le mépris de toute Religion revelée, & du Christianisme en particulier, j'oserois même dire l'oubli de la Divinité, la haine contre tous les gouvernemens établis, la revolte contre toute autorité légitime, un esprit effrené d'indépendance, & de liberté, l'obeïssance raïée du dictionnaire des enfans ; une fausse indulgence à ne point réprimer les saillies de leur liberté naturelle, une fausse retenuë à ne point raisonner avec eux, à ne cultiver leur esprit par aucune des études convenables à leur âge ; tels sont les fruits du nouveau plan d'éducation. L'Auteur y a mêlé quelques verités utiles, & lumineuses, mais qui ne servent dans son livre qu' a mieux couvrir le poison mortel qu'il renferme, & à le faire succer avec plus d' avidité. Est-ce-donc que Mr. Rousseau est le seul mortel à qui la nature se soit dévoilée? Il n'est pas question entre lui, & tous les Philosophes, qui l' ont précedé de sçavoir s' il a pû saisir quelque verité particuliére, quelque sécret repli du cœur humain, quelque conséquence éloignée, & de détail qui auroit échappé aux autres. Si Mr. Rousseau a rencontré juste, lui seul a tout vû, les autres n'ont rien vû. Socrate, Platon, Xenophon, Ciceron, Senéque, Quintilien, Plutarque, Bacon, Locke, Bossuet, Fleuri, Fenelon, Nicole, Rollin, ces hommes si éclairés n'ont rien connu à la nature de l' homme, & se sont tous mépris dans leur recherches sur la maniere de conduire, & d' élever la jeunesse. Mr. Rousseau ouvre une nouvelle carriére. On ne dépravera plus les hommes par des institutions arbitraires, on ne les avilira plus par les ménaces importunes de la Religion; on ne les fatiguera plus par des études si éloignées de la nature. Un corps robuste, un esprit plein de vigueur, une aptitude à tout faire, la santé, le bonheur, feront les fruits inestimables de cette nouvelle méthode d' éducation. Quelles chiméres! Quelles visions!

Peres & Meres, que la trompeuse amorce d' une nouveauté brillante ne vous séduise pas. Craignez de faire sur vos enfans l'essai périlleux d' une méthode qu' aucun succés n'a encore garentie. Que les maximes saintes de nos Peres, ces maximes si vénérables par leur autorité, & leur antiquité, soient toûjours devant vos yeux. Gardez-vous surtout

de

de négliger la Religion dans l'éducation de vos enfans. Envain vous flatteriez-vous de les conduire par toute autre voye. Si vos enfans vous sont chers, si vous en attendez de l'honneur, & de la consolation; c'est de là que doit venir leur bonheur, & le vôtre. Craignez encore un coup qu'une vanité mal entenduë ne vous porte à immoler ces innocentes victimes à un funeste désir de singularité, & que le malheur où vous les aurez plongés, ne fasse un jour vôtre honte, & vôtre désespoir.

NOTES.

Page 10. ligne 4.

C'Est ce que l'Auteur reconnoît aussi dans sa Preface page vii. : *Dans cet alliage*, dit-il, *le bien se gâte, & le mal ne se guerit pas. J'aimerois mieux suivre en tout la pratique établie que d'en prendre une bonne à demi: il y auroit moins de contradiction dans l'homme. Il ne peut tendre à la fois à deux buts opposés.*

Pag. 16. l. 11.

L'Auteur reconnoît (t. 1. p. 103.) dans les enfans qui sont encore à la mamelle *une disposition à l'emportement, au depit, à la colere qui demande*, dit-il, *des menagemens excessifs*. Cette disposition n'est pas le fruit d'un vice précedent d'éducation; les enfans l'apportent en naissant: cette disposition est pourtant vicieuse. Voilà donc une observation de Mr. Rousseau qui contredit sa maxime favorite: *Que tous les premiers mouvemens de la nature sont droits.*

Pag. 18. l. 1.

Ce que l'on dit ici des avantages de la societé n'exclût aucunement l'esprit de retraite consacré par la Religion. Ceux qui fuïent la corruption du siécle demeurent toûjours unis à la societé des fidéles, qu'ils édifient par leurs exemples.

Pag. 23. l. 21.

L'Auteur présuppose (t. 4. p.21.) que *l'amour qu'on a pour ses proches, est le principe de celui qu'on doit à l'état; que c'est le bon fils, le bon mari, le bon pere, qui sont le bon Citoyen*. Sur ce principe de M. Rousseau ne pourroit-on pas raisonner ainsi contre lui? On ne peut élever comme il faut un homme pour lui même, qu'on ne s'étudie à le rendre bon fils, bon mari, bon pere. Car de l'aveu de Mr. Rousseau, élever un homme pour lui même, c'est tâcher d'en faire un homme raisonnable; & c'est ce qu'on ne peut faire qu'en cultivant les dispositions qui doivent le rendre d'abord bon fils, & en suite bon mari, & bon pere. Or ces dispositions sont aussi de l'aveu de Mr. Rousseau, celles qui font le bon Citoyen; donc on ne peut bien élever un homme pour lui même, qu'on ne l'éléve aussi pour les autres. Donc il est faux qu'*on ne puisse faire tout à la fois l'homme & le Citoyen*.

Pag. 34. l. 3.

Par tout l'Auteur répresente l'état civil, les loix, & les institutions sociales sous l'aspect le plus odieux. *Il y a*, dit-il (t.2.p.246.) *dans l'état civil une égalité de droit chimerique & vaine, parceque les moyens destinés à la maintenir servent eux mêmes à la detruire; & que la force publique ajoutée au plus fort pour opprimer le foible, rompt l'espéce d'équilibre que la nature avoit mis entr'eux*. Et dans la note il ajoute: *L'esprit universel des loix de tous les Pays est de favoriser toûjours le fort contre le foible, & celui qui a contre celui qui*

n'a

n' a rien ; cet inconvenient est inevitable, & il est sans exception. Que le fort abuse quelquefois de la protection des loix pour opprimer le foible, c' est un inconvenient qui peut avoir lieu ; parceque souvent les hommes abusent des meilleures choses. Mais que tel soit l' esprit universel des loix de tous les Pays, & sans exception, c' est une proposition insoûtenable, & que l' Auteur ne prouvera jamais. *Toute nôtre sagesse* (t. 1. p. 120.) *consiste en préjugés serviles, tous nos usages ne sont qu' assujetissement, gêne, & contrainte. L' homme civil nait, vit, & meurt dans l' esclavage :* & p. 152. *tout n' est que folie & contradiction dans les institutions humaines.* Voilà des exagérations qui ont été répetées mille fois ; mais Mr. Rousseau en fait des axiomes, & veut qu' on les prenne à la lettre.

Pag. 37. l. 16.

„ Les Matérialistes, dit l' Auteur (t. 3. „ p. 68.) sont sourds à la voix interieure „ qui leur crie d' un ton difficile à méconnoître : une machine ne pense point, il n' „ y a ni mouvement, ni figure qui produise „ la réflexion .... Nul être matériel n' est „ actif par lui même, & moi je le suis. „ On a beau me disputer cela, je le sens, „ & ce sentiment qui me parle est plus fort „ que la raison qui le combat. Et pag. 80. „ Je conçois comment le corps s' use, & se „ detruit par la division des parties ; mais „ je ne puis concevoir une destruction pa„ reille de l' être pensant ...... Je sens mon „ ame, je la connois par le sentiment, & „ par la pensée &c.

Pag. 63. l. 14.

Les enfans, dit Mr. Rousseau (t. 1. p. 290.) se font un plaisir secret de prendre leurs

Maî-

Maîtres en faute. Un de leurs premiers soins est de découvrir le foible de ceux qui les gouvernent. Surchargés, continue-t-il, du joug qu'on leur impose, ils cherchent à le secouer, & les défauts qu'ils trouvent dans les Maîtres, leur fournissent de bons moyens pour cela. Rien de plus vrai que cette observation; mais elle prouve contre l'Auteur que les enfans ne sont pas denués de toute idée de moralité. S'ils se font un plaisir secret de prendre leurs Maîtres en faute, ils sçavent donc ce que c'est qu'être en faute, ils distinguent le bien & le mal moral. Voilà donc Mr. Rousseau convaincu par lui même. Rien de plus spirituel que le tour, que l'Auteur a imaginé pour se mettre à couvert de toutes les contradictions qu'on pourroit lui objecter: c'est de convenir (p. 245.) qu'il se contredit dans les expressions, & non dans les idées. Il dit expressement (p. 187.) qu'un enfant *ne sçait ce que c'est qu'être en faute*. Et p. 290. il dit que les enfans se font un plaisir secret *de prendre leurs Maîtres en faute*. Cette contradiction n'est-elle que dans l'expression, n'affecte-t-elle pas un peu les idées?

Pag. 76. l. 20.

Ajoutons ce passage tiré de l'esprit des loix, l. xxiii. ch. ii. „ Cette obligation (de nourrir les enfans) „ chez les animaux est „ telle que la mere peut ordinairement y „ suffire. Elle a beaucoup plus d'etenduë „ chez les hommes. Leurs enfans ont de la „ raison; mais elle ne leur vient que par „ degrés: il ne suffit pas de les nourrir, il „ faut encore les conduire: deja ils pour„ roient vivre, & ils ne peuvent se gou„ verner.

Pag.

Pag. 93. l. derniere.

Tenez, dit l'Auteur (t. 1. p. 194.) *son ame oisive aussi long tems qu'il se pourra*. Voici une autre maxime analogue, & non moins remarquable: *vous ne parviendrez jamais à faire des Sages, si vous ne faites d'abord des polissons* (p. 286.)

Pag. 109. l. 22.

„ Je ne sçais, dit Mr. Rousseau (t. 4. p. „ 175.) à quoi nos catéchismes portent le „ plus d'être impie ou fanatique; mais je „ sçais bien qu'ils font necessairement l'un, „ ou l'autre. Et p. 77. „ Toutes les répon- „ ses du catéchisme sont à contresens, c'est „ l'écolier qui instruit le Maître; elles sont „ même des mensonges dans la bouche des „ enfans, puisqu'ils expliquent ce qu'ils n' „ entendent point, & qu'ils affirment ce „ qu'ils sont hors d'état de croire. Parmi „ les hommes les plus intelligens, qu'on me „ montre ceux qui ne mentent pas en di- „ sant leur catéchisme. Un aveugle né est hors d'état de concevoir ce qu'il entend dire de la lumiere & des couleurs. La maniere & les effets de la vision sont pour lui des énigmes incompréhensibles. Cependant il ne doute pas que par le moyen de la vuë on n'apperçoive les objets à une distance considerable, que l'interposition d'un verre suffit pour les faire paroître tantôt plus grands, tantôt plus petits, que le miroir represente à l'homme sa propre figure, & imite tous ses gestes, & ses mouvemens, que le peintre distribuant ses couleurs sur la toile fait paroître en relief sur une surface plane tous les objets de la nature. Voilà des choses dont un aveugle entend parler tous les jours, qu'il ne conçoit point, & qu'il croit. Rien

donc

donc de plus faux que ce principe métaphysique des incrédules qu'on ne sçauroit croire ou affirmer ce que l'on ne peut conçevoir. C'est ce que j'ai tâché d'éclaircir dans le Livre *de l'Introduction à l'étude de la Religion*.

Pag. 111. *l.* 15.

Mr. Rousseau reconnoît cette utilité dans les Fables (t. 2. p. 287.), mais il veut qu'on en renvoye l'usage *au tems des fautes*, c'est-à-dire au tems le moins propre pour les goûter, & pour en profiter. L'enfance peut s'amuser du spectacle des Fables; l'âge mur en goûte la moralité: mais dans le premier essor des passions cette sorte de spéctacle n'amuse guêre la jeunesse, & la moralité l'ennuye. Il faut prémunir la jeunesse contre la fougue des passions, si l'on ne veut qu'elle se précipite dans des fautes, qui résistent ensuite le plus souvent à tous les remédes qu'on voudroit y apporter. Les Anciens disoient: *Principiis obsta*. C'est un axiome dont l'experience confirmera toûjours la vérité.

Pag. 168. *l.* 23.

Rien de plus extraordinaire que l'instruction que Mr. Rousseau donne à son éléve (t. 2. p. 297.) d'abord il suppose qu'Emile ne cherchera jamais quérelle à personne. *Mais si on lui cherche quérelle à lui même, comment se conduira-t-il?* Voici la reponse de Mr. Rousseau. „ Il ne faut point que l'honneur des Citoyens, ni leur vie soit à la „ merci d'un brutal, d'un ivrogne, ou d'un „ brave coquin, & l'on ne peut pas plus „ se préserver d'un pareil accident que de „ la chute d'une tuile. Un souflet & un „ démenti reçu & enduré ont des effets ci- „ vils, que nulle sagesse ne peut prévenir,

&

„ & dont nul tribunal ne peut venger l'of„ fensé. L'insuffisance des loix lui rend donc „ en cela son independance; il est alors seul „ Magistrat, seul Juge entre l'offenseur & „ lui: il est seul interpréte & ministre de la „ loi naturelle, il se doit justice, & peut „ seul se la rendre; & il n'y a sur la terre „ nul gouvernement assez insensé pour le „ punir de se l'être faite en pareil cas. Je „ ne dis pas qu'il doive s'aller battre, c'est „ une extravagance; je dis qu'il se doit ju„ stice, & qu'il en est le seul dispensateur. „ Sans tant de vains edits contre les duels, „ si j'étois Souverain je répons qu'il n'y „ auroit jamais ni souflet, ni démenti donné „ dans mes Etats, & cela par un moyen „ fort simple dont les Tribunaux ne se mê„ leroient point. Quoiqu'il en soit Emile „ sçait en pareil cas la justice qu'il se doit „ à lui même, & l'exemple qu'il doit à la „ sureté des gens d'honneur. Il ne depend „ pas de l'homme le plus ferme d'empêcher „ qu'on ne l'insulte, mais il depend de lui „ d'empêcher qu'on ne se vante long tems „ de l'avoir insulté.

Les Sçavans qui ont examiné cet article n'ont sçû y voir autre chose que la permission d'assassiner en cachette substituée a l'*extravagance de se battre*. Emile reçoit un affront. Nul Tribunal ne peut le venger: l'insuffisance des loix lui rend à cet égard son independance naturelle. Le voilà seul Magistrat, seul Juge entre l'offenseur & lui: il se doit justice, & peut seul se la rendre. Il ne doit pas se battre, mais l'offenseur ne doit pas se vanter long tems de l'avoir insulté. Est-ce donc là l'école d'un Philosophe, d'un sage, d'un homme vertueux?

Ce

Ce trait seul ne devroit-il pas déssiller les yeux de ceux qui se livrent si aveuglement à toutes les extravagances des incredules? Emile ne peut pas empêcher qu'on ne l'insulte, mais il empêchera bien qu'on ne se vante long tems de l'avoir insulté. Quelle proportion entre l'offense, & la peine! & la subordination à l'autorité publique! & la constance, la modération, la patience du Sage! Ne sont-ce plus là que de vains noms? Oh Socrate, oh Epictéte, que vôtre morale confonde les Sophistes qui osent loüer la vertu en préchant le crime!

Pag. 181. *l.* 27.

Les Lettres de Mr. Vernes font voir assez clairement ce que l'on doit penser du Christianisme de Mr. Rousseau, & de ses sentimens sur la revélation. La maniere dont il parle (t. 4. p. 13.) d'une loi du Deuteronome, & dans le *Contract social* du Roy Adam, & de l'Empereur Noë, ne s'accorde guére avec le respect qu'il témoigne ailleurs pour la *majesté des Ecritures*. Il ose accuser le Christianisme de rendre les devoirs impraticables à force de les outrer (Vernes p. 86.) Mr. Rousseau se trompe, le Christianisme n'outre rien; c'est lui qui se fait un jeu d'outrer tout ce qu'il entreprend de traiter. Donnons en un exemple: *Celui*, dit-il, (t. 2. p. 109.) *qui mange dans l'oisiveté ce qu'il n'a pas gagné lui même, le vole; & un rentier que l'état paye pour ne rien faire, ne differe guêre à mes yeux, d'un brigand qui vît aux dépens des passans ...... Riche ou pauvre, puissant ou foible, tout Citoyen oisif est un fripon*. Le Christianisme condamne l'oisiveté dans tous les hommes; mais quoique l'oisiveté soit un grand mal, s'ensuit-il que celui

qui

qui vit sans rien faire d' un bien que ses ancêtres lui ont transmis, après l'avoir acquis légitimement, vole ce qu' il mange? Le Citoyen oisif est sans doute très-blamable par son oisiveté, mais ce n' est ni un voleur, ni un fripon, ni un brigand. Voilà ce qui s'appelle outrer la matiere, & d' une bonne cause en faire une mauvaise.

Je n' impute point à Mr. Rousseau d'avoir cherché à répandre l' oubli de la Divinité; mais il semble que quelques uns de ses principes sont capables d' y conduire. Selon lui les enfans n' ont pas même à quinze ans la capacité d' être instruits de la connoissance de Dieu. Quoi! Dans le sein du Christianisme on laissera croître les enfans jusqu' à l'âge de quinze & de dixhuit ans sans leur faire connoître leur premier principe, & leur derniere fin, sans leur apprendre qu'ils ont une ame à sauver? *On sera surpris*, dit-il (t. 2. p. 321.) *de me voir suivre le premier âge de mon éléve sans lui parler de Religion. A quinze ans il ne sçavoit s' il avoit une ame, & peut-être à dixhuit n' est il pas encore tems qu' il l' apprenne*. Mais s' il vient à mourir avant ce tems? Mr. Rousseau le sauve à la faveur de l' ignorance invincible. Il faut avoüer qu' une ignorance invincible si deplacée est bien favorable à l' oubli de la Divinité. Il fait dire à son Vicaire dont il donne la profession de foi pour l' écrit le meilleur & le plus utile dans le siécle où il l' a publié, qu' il est bien étrange qu' il faille une autre Religion que la Religion naturelle, que *les plus grandes idées de la Divinité nous viennent de la raison seule* (t. 3. p. 122.). Tout Chrêtien sentira l' absurdité de cette prétention, qui tend à défigurer l' idée de la Divinité par

tous

tous les caprices de la philoſophie humaine. Ce même Vicaire, dit encore (p.116.) je benis Dieu de ſes dons, *mais je ne le prie pas; que lui demanderois-je? Qu' il changeat pour moi le cours des choſes, qu' il fit des miracles en ma faveur.* Qu' il eſt à craindre que celui qui croit n' avoir rien à demander à Dieu, ne ſe laſſe bientôt de le benir de ſes dons! de l' oubli de la priere à l'oubli du Createur, le pas eſt gliſſant.

Quant au mépris de toute autorité humaine, outre le paſſage que nous avons cité cy-deſſus touchant l' eſprit des loix de tous les Pays, rapportons ce qu' il ajoute au même endroit (t. 2. p. 247.) *Toûjours ces noms ſpecieux de juſtice, & de ſubordination ſerviron d' inſtrumens à la violence, & d' armes à l' iniquité: d' où il ſuit que les ordres diſtingués qu ſe pretendent utiles aux autres, ne ſont en effet utiles qu' à eux mêmes, aux depens de autres: par où l' on doit juger de la conſideration, qui leur eſt duë ſelon la juſtice, & ſelon la raiſon.* Je ne ſçais quelle impreſſion le livre de l' Auteur pourroit faire ſur des ſauvages; mais il eſt evident qu' il tend à ebranler les fondemens du Chriſtianiſme, & de tout état civil policé par des loix, & des inſtitutions ſociales. Ce n' eſt donc pas faire tort à ſon livre que de dire qu'il eſt propre à faire de mauvais Chrêtiens, & de mauvais Citoyens. Eſt-ce là rendre ſervice à l'humanité

IMPRIMATUR.

F. Joan. Dom. Piſelli Vic. Gen. S. Officii Taurini

V. Vigus LL. AA. P.

Se ne permette la ſtampa.

Di S. Vittoria per la Gran Cancellaria.

TURIN. Chez FRANÇOIS ANTOINE MAIRESSE Imprimeur à l'Enſeigne de S. Tereſe.

www.ingramcontent.com/pod-product-compliance
Ingram Content Group UK Ltd.
Pitfield, Milton Keynes, MK11 3LW, UK
UKHW021055270726
13967UKWH00012B/1498

9 782011 747266